EXCEL
en fiches

NIVEAU DÉBUTANT

Pascal Parisot

EYROLLES
éducation

Note de l'éditeur : Cet ouvrage traite de la version 2013 d'Excel. Le CD-Rom qui l'accompagne fournit les ressources nécessaires, ainsi que le corrigé des applications présentées. Les ressources sont indiquées en début de fiche grâce au symbole suivant .

Eyrolles Éducation / Gep Éditions
Groupe Eyrolles
www.eyrolles-education.com

Maquette intérieure : Florian Hue
Mise en pages : Facompo
Édition : Isabelle Chave

Achevé d'imprimer : Schraag - France
N° d'imprimeur : 2014070036
Dépôt légal : août 2014

PEFC
10-31-2868
Certifié PEFC
pefc-france.org

IMPRIM'VERT
Votre imprimeur agit pour l'environnement

Imprimé à base d'encres végétales et d'eau de pluie
sur papier issu de forêts gérées durablement

ISBN : 978-2-84425-975-2

Sommaire

1 – Je découvre Excel 4
2 – J'organise mes données 6
3 – Je reconnais les types de données 8
4 – Je range mes feuilles dans un classeur 10
5 – Je saisis des données 12
6 – Je sélectionne des cellules 14
7 – Je trie mes données 18
8 – Je prépare mes calculs 20
9 – J'automatise les tâches (1/3) 24
10 – J'automatise les tâches (2/3) 28
11 – J'automatise les tâches (3/3) 32
12 – Je corrige mes erreurs 34
13 – J'agrémente mes tableaux (1/2) 38
14 – J'agrémente mes tableaux (2/2) 42
15 – Je crée un graphique simple 46
16 – Je sécurise mon travail 48
17 – J'imprime mon travail 52
18 – Cas de synthèse 1 56
19 – Cas de synthèse 2 58
20 – Cas de synthèse 3 60

Glossaire 62
Index 64

1 Je découvre Excel

Le contexte Je dois réaliser un tableau sur Excel et je ne connais pas encore l'application.
La ressource Le tableur Excel, un nouveau classeur vierge.
L'objectif Comprendre l'interface d'Excel, acquérir le vocabulaire de base du tableur.

Comment faire ?

Activer l'application

En fonction du système installé sur votre poste de travail, l'accès à l'application peut différer et vous disposez de plusieurs modes d'accès, par exemple :

- Menu Démarrer – Programmes – Microsoft Office 2013 – Excel 2013.
- Raccourci sur le bureau.
- Tuile Excel 2013 de l'écran d'accueil de Windows 8.

Créer un nouveau classeur

- Choisir l'option Nouveau classeur proposée dans la fenêtre de droite.

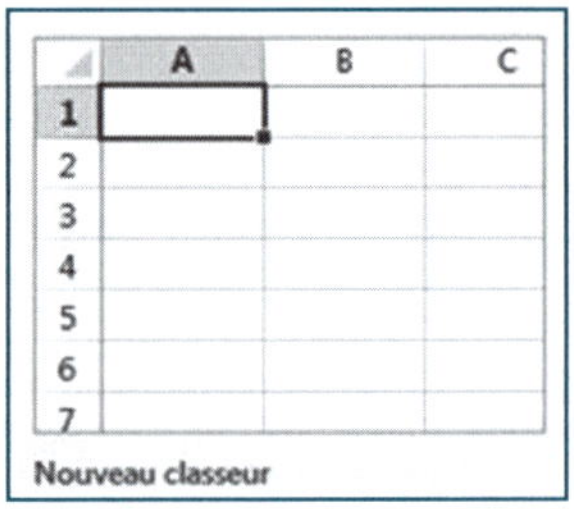

Observer l'interface et repérer les éléments indispensables

- Retrouver sur votre classeur en cours les éléments mentionnés dans l'image de la page suivante.
- Cliquer successivement sur les onglets pour prendre connaissance des différentes commandes proposées :

Choisir Excel ou Word ?

Les deux applications permettent de présenter des tableaux de données, Excel est à préférer lorsque des calculs sont à effectuer sur les données. Le terme de calcul doit être pris au sens large de traitement et inclut le tri, l'extraction de données…

Lorsque des graphiques sont nécessaires, le tableur est également approprié mais on peut aussi intégrer un tableau ou un graphique réalisé avec le tableur dans un document rédigé sous Word…

➕

◗ Certains outils d'Excel sont communs avec ceux du traitement de texte Word, ils ont évidemment le même usage (couper/copier/coller…).

◗ La plupart des éléments de l'interface d'Excel sont personnalisables en utilisant le bouton droit de la souris ou par le menu Fichier – Options.

◗ Si vous avez activé le menu Fichier et que vous voulez revenir au classeur en cours, cliquer sur la flèche ⊖ prévue à cet effet.

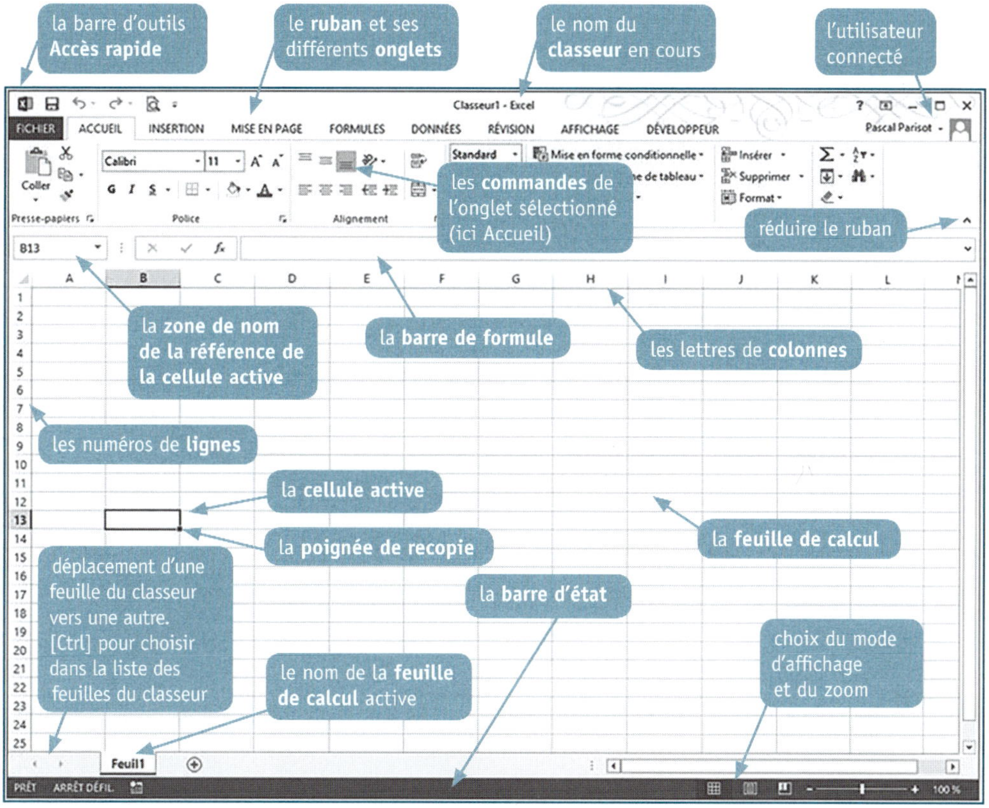

Le vocabulaire de base du tableur

Cellule : Unité de base de la feuille de calcul, à l'intersection d'une ligne et d'une colonne.

Cellule active : Cellule qui recevra toute information saisie au clavier.

Plage de cellules : Ensemble de cellules contiguës.

Feuille de calcul : Document de travail qui regroupe un ensemble de cellules.

Classeur : Ensemble de feuilles de calcul regroupées dans un fichier.

Format de fichier : Lors de l'enregistrement d'un classeur, Excel propose plusieurs formats d'enregistrement. Par défaut, le format proposé est « Classeur Excel » (*dont l'extension est .xlsx*).
Il est également possible d'enregistrer les classeurs au format Excel 97-2003. Si vous devez envoyer votre travail à une personne qui ne dispose pas de la dernière version d'Excel, c'est une option qui peut être utile. Les différents formats existant sont évoqués dans l'ouvrage de niveau 2.

2 J'organise mes données

Le contexte Je choisis la disposition appropriée pour mes données.
La ressource Classeur « 2-organiser les données ».
L'objectif Organiser la présentation des données dans une feuille de calcul.

Comment faire ?

Ouvrir la ressource

Double-clic sur le fichier ou menu Fichier – Ouvrir.
Sélectionner le classeur « 2-Organiser les données »

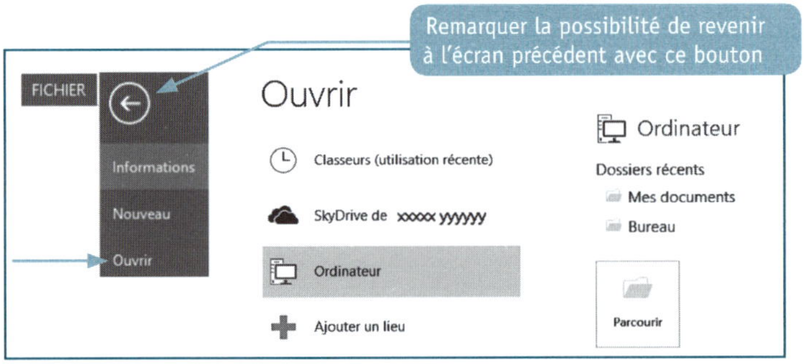

Choisir l'emplacement du fichier ressource ou cliquer Parcourir s'il n'est pas dans l'une des options proposées par défaut (clé USB, CD-ROM…) puis cliquer le bouton Ouvrir.

Observer les données

Dans la feuille de calcul « Horizontal », les données sont déjà saisies et ont été disposées dans des lignes différentes et sur un nombre important de colonnes. Il n'est pas possible dans ces conditions d'avoir une vision d'ensemble des données et l'impression sur une même feuille sera impossible ou illisible. On remarque également que l'auteur a calculé un cumul du chiffre d'affaires trimestriel sur les trois premiers trimestres puis un cumul annuel pour l'année 2014 sans que l'on sache vraiment à quoi correspondent les totaux apparents.

Dans la feuille de calcul « Vertical », les données ont été réorganisées verticalement et des sous-totaux par trimestre ont été ajoutés. L'année 2014 a été séparée de l'année 2015 en cours de remplissage. On aurait aussi pu reporter ces données dans une autre feuille de calcul. L'année étant commune à tous les mois représentés, elle a été supprimée de l'intitulé des colonnes et reportée dans l'entête de la colonne A.

Organiser les données

Afin d'espacer les tableaux de données des deux années, insérer une ligne supplémentaire entre les tableaux 2014 et 2015 :

Modifier la structure du tableau

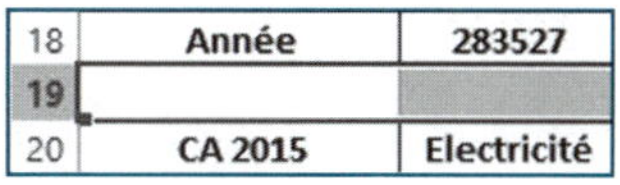

- Survoler avec le pointeur de la souris le numéro de la ligne 19, le pointeur se transforme en flèche vers la droite.

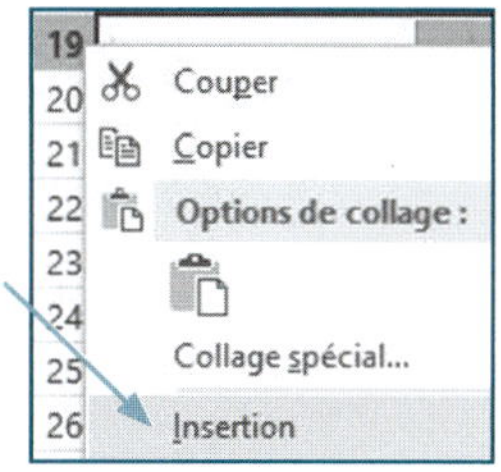

- Cliquer le bouton droit de la souris et choisir Insertion, une nouvelle ligne est insérée automatiquement, le tableau 2015 est repoussé une ligne plus bas.
- Reproduire la même opération pour ajouter une ligne destinée à recevoir un titre au-dessus du tableau de l'année 2014.
- Effectuer la même opération pour ajouter une colonne vide devant la colonne A et ainsi décoller le tableau du bord de la feuille.

Résultat à obtenir

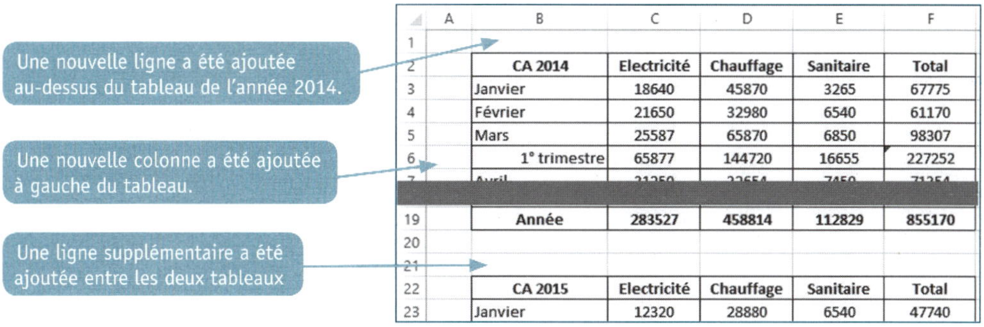

	A	B	C	D	E	F
1						
2		CA 2014	Electricité	Chauffage	Sanitaire	Total
3		Janvier	18640	45870	3265	67775
4		Février	21650	32980	6540	61170
5		Mars	25587	65870	6850	98307
6		1° trimestre	65877	144720	16655	227252
19		Année	283527	458814	112829	855170
20						
21						
22		CA 2015	Electricité	Chauffage	Sanitaire	Total
23		Janvier	12320	28880	6540	47740

Aller plus loin

- Ajouter les lignes nécessaires pour calculer les cumuls par trimestre en 2015.
- Un nouveau secteur d'activité est apparu en 2015, ajouter des cellules dans le tableau de 2015.
- Il n'est pas question ici d'ajouter une colonne complète qui serait superflue sur le tableau des données 2014, il faut donc insérer des cellules :
  - Sélectionner à l'aide de la souris (voir au besoin la fiche 6) les cellules F21 à F33 puis cliquer droit.
  - Choisir Insérer puis Décaler vers la droite.
- Vous disposez ainsi d'une nouvelle zone de saisie sans avoir modifié la partie supérieure de la feuille de calcul.

+

- Donner des titres aux tableaux permet de voir rapidement de quoi il est question sans avoir à parcourir l'ensemble des données.
- Il est possible de modifier la structure d'un tableau pour lui ajouter des lignes, des colonnes ou des cellules qui auraient été omises lors de la conception.
- Mieux vaut découper les tableaux trop complexes en éléments plus simples.

3 Je reconnais les types de données

Le contexte J'observe les principaux types de données dans une feuille de calcul.
La ressource Classeur « 3-Type de données »
L'objectif Comprendre la notion de type de données et ses conséquences.

Comment faire ?

Ouvrir la ressource

Double-clic sur le fichier ou menu Fichier – Ouvrir.

Sélectionner le classeur « 3-Types de données »

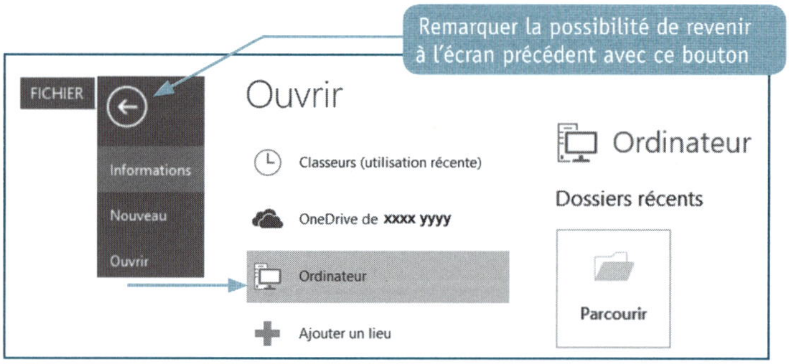

Choisir l'emplacement où se situe le fichier ressource ou cliquer [Parcourir], s'il n'est pas dans l'une des options proposées par défaut (clé USB, CDROM…) puis cliquer le bouton Ouvrir.

Observer les données

Dans cette feuille de calcul, les données sont déjà saisies et vous n'aurez pas à les manipuler. Il s'agit seulement d'évoquer la notion de type de données qui sera importante lorsque vous aborderez les formules de calcul. Vous remarquerez que les données affichées ne sont pas toutes alignées ou représentées de la même façon dans les différentes cellules.

Les différents types de données et leurs conséquences

Excel reconnaît automatiquement un nombre important de type de données en fonction de la saisie qui a été faite. Par défaut, le logiciel applique une mise en forme automatique (un format dans le langage Excel), en fonction du type qu'il aura reconnu.

Il sera parfois nécessaire de modifier le format pour obtenir l'affichage recherché. Cet aspect sera vu à la fiche 13.

Exemples de saisie dans une feuille de calcul

	A	B	C	D
1	Exemples de chaînes de caractères format appliqué automatiquement			
2	Valeur saisie au clavier	Cellule adjacente	Affichage automatique par Excel	Type de données déterminant la mise en forme de la cellule
3	Ceci est une chaîne de caractères		Ceci est une chaîne de caractères	Texte
4	Ceci est aussi une chaîne de caract	Autre texte	Ceci est aussi une chaîne de caract	Texte (cellule de droite utilisée, le texte excédentaire est caché)
5	Ceci est aussi une chaîne de caractères qui dépasse la largeur de la cellule		Ceci est aussi une chaîne de caract	Texte (cellule de droite vide, le texte déborde sur la ou les cellules contiguës)
6	0601020304		601020304	Le tableur modifie la chaîne saisie en supprimant le zéro et transforme donc le numéro de téléphone en nombre
7	'0601020304		0601020304	L'apostrophe en début de saisie transforme le nombre en chaîne de caractères
8	lundi 01/04		lundi 01/04	Texte (et non date)
9	5/100		5/100	Texte (et non pourcentage)
10				
11	Exemples de données numériques et pourcentages format appliqué automatiquement			
12	Valeur saisie au clavier	Affichage automatique par Excel	Type de données déterminant la mise en forme de la cellule	
13	1	1	Entier	
14	1,25	1,25	Réel	
15	10 000 €	10 000 €	Le symbole monétaire € saisi impose le format monétaire avec séparateur de milliers	
16	10000$	10000$	Le symbole $ n'est pas affiché de la même manière	
17	0,0000000000000039	3,9E-14	Scientifique	
18	=5/100	0,05	Réel	
19	5%	5%	Pourcentage	
20	000005	5	Entier, les 0 sont supprimés	
21	'000006	000006	Affiché comme du texte mais traité comme un nombre dans certains calculs !	
22				
23	Exemples de dates format appliqué automatiquement			
24	Valeur saisie au clavier	Affichage automatique par Excel	Type de données déterminant la mise en forme de la cellule	
25	15/12/2014	15/12/2014	Date	
26	1/12	01-déc	Date (et non fraction)	
27	2014/12/15	15/12/2014	Date (saisie au format anglo-saxon)	
28	15-12-2014	15/12/2014	Date saisie avec des tirets comme séparateurs, reconnue comme une date et transformée par Excel	

Le tableur applique une mise en forme par défaut de manière automatique :
- les données reconnues comme du **texte** sont alignées à **gauche** dans la cellule,
- les données reconnues comme **numériques** sont alignées à **droite** dans la cellule.

Cette mise en forme peut toutefois être modifiée a posteriori pour améliorer l'affichage des données !

› *Une chaîne de caractères est un ensemble de signes alphabétiques ou numériques saisis qui seront traités comme du texte par le tableur, impliquant ainsi une mise en forme automatique par défaut.*

› *Une donnée numérique est un ensemble de chiffres mais aussi parfois de chiffres et de symboles graphiques (€ par exemple) qui seront traités comme des nombres (ou des dates).*

› *Une donnée de type date est un ensemble de chiffres et de séparateurs reconnus comme une date par le tableur, impliquant ainsi une mise en forme automatique par défaut.*

+

- Pour saisir des chiffres devant commencer par un zéro, par exemple un numéro de téléphone, faire précéder la saisie d'une apostrophe sinon la valeur saisie sera traitée comme un nombre et les zéros seront supprimés : 0001 → 1 alors que '0001 → 0001.
- Dans une même colonne ou une même ligne sur laquelle des calculs devront être effectués, ne pas mélanger les types de données, cela peut rendre les calculs impossibles, même si Excel 2013 sait de mieux en mieux faire la différence.
- Pour réaliser la mise en forme des valeurs saisies (chaînes de caractères ou nombres), voir les fiches 13 et 14.

4 Je range mes feuilles dans un classeur

Le contexte Je prépare les tableaux de chiffres d'affaires de différents magasins.
La ressource Classeur « 4-CA magasins ».
L'objectif Organiser ses feuilles de calcul dans un classeur.

À partir de ce chapitre, la procédure d'ouverture du fichier ressource ne sera plus détaillée, elle a été exposée précédemment.

Comment faire ?

Ouvrir la ressource

Double-clic sur le fichier ou menu Fichier – Ouvrir.

Sélectionner le classeur 4-CA magasins.

Observer

Le classeur que vous venez d'ouvrir comprend quatre feuilles de calcul dont trois comportent un tableau récapitulatif de chiffre d'affaires vierge.

- Cliquer sur le nom de chacune des feuilles de calcul pour en observer le contenu.

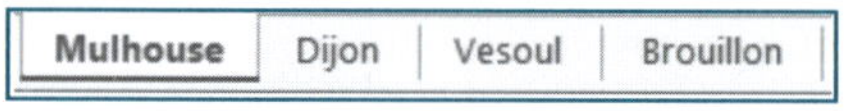

La feuille active est soulignée dans la liste des feuilles du classeur.

Le contenu des différentes feuilles est identique, mise à part la couleur du titre qui permettra de les différencier plus aisément.

Un nouveau magasin vient d'être ouvert à Montpellier, vous devez ajouter une feuille au classeur.

Ajouter une feuille au classeur

- Cliquer sur le symbole [+] de manière à ajouter une feuille au classeur.

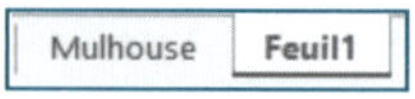

- La nouvelle feuille est ajoutée après la feuille active au moment de l'ajout, le nom est attribué par Excel.

Renommer une feuille

- Double-cliquer sur le nom de la feuille, puis saisir la valeur que vous voulez voir affichée et valider la saisie par la touche [Entrée].

Déplacer une feuille

Vous devez classer les feuilles par ordre alphabétique.

- Clic **gauche** sur le nom de la feuille à déplacer et maintenir le clic enfoncé, le pointeur se transforme en et un triangle de positionnement apparaît.

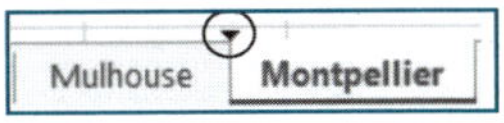

- Déplacer le pointeur de la souris et déposer la feuille à l'endroit désiré, relâcher le clic de la souris.

Supprimer une feuille

Vous devez supprimer la feuille « Brouillon » qui n'a plus d'utilité.

- Clic **droit** sur le nom de la feuille à supprimer et choisir Supprimer.

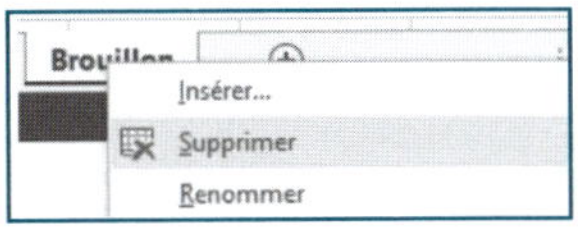

› *Aucune confirmation n'est demandée, le bouton Annuler la commande n'est pas actif : bien réfléchir avant de supprimer une feuille !*

Le résultat final à obtenir

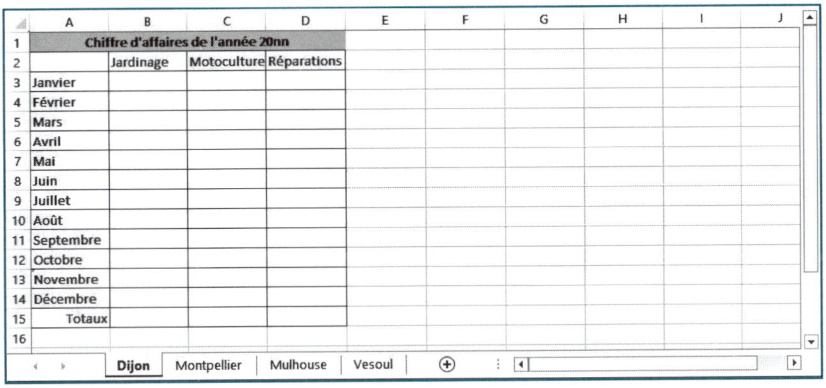

	A	B	C	D
1	Chiffre d'affaires de l'année 20nn			
2		Jardinage	Motoculture	Réparations
3	Janvier			
4	Février			
5	Mars			
6	Avril			
7	Mai			
8	Juin			
9	Juillet			
10	Août			
11	Septembre			
12	Octobre			
13	Novembre			
14	Décembre			
15	Totaux			
16				

Les quatres onglets sont disponibles et classés par ordre alphabétique.

- Vous pouvez sauvegarder votre travail simplement en cliquant sur le bouton s'il est présent dans la barre de lancement rapide.
- Vous pouvez aussi utiliser le menu Fichier puis Enregistrer ou Enregistrer sous si vous voulez modifier l'emplacement ou le nom du fichier.
- Des détails et d'autres options de sauvegarde sont donnés dans la fiche 16 « Sécuriser son travail ».

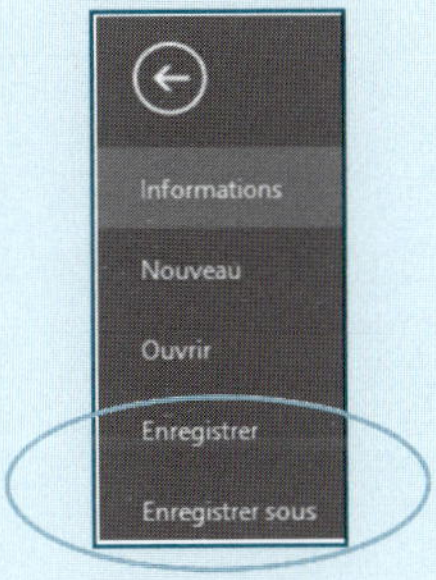

5 Je saisis des données

Le contexte Je complète la liste des membres du personnel à la suite de l'arrivée d'un nouveau salarié.
La ressource Classeur « 5-Liste du personnel ».
L'objectif Saisir des données textuelles et numériques et savoir les différencier.
Modifier ou supprimer des données.

Comment faire ?

Saisir des données

Vous venez d'être recruté par l'entreprise, vous devez saisir vos données personnelles dans les colonnes du tableau.

- Cliquer sur la cellule référencée A29 puis saisir vos données personnelles.
- Le texte saisi s'affiche dans la barre de formule.
- Valider la saisie au clavier avec [Enter] ou [↓] ou [→] ou encore avec la souris en cliquant dans une autre cellule.
- Terminer la saisie du tableau.

Un <u>nombre</u> par défaut s'aligne à <u>droite</u> de la cellule. Une date est aussi un nombre.

Le texte par défaut s'aligne à gauche de la cellule.

Code postal	Ville
25200	Montbéliard
70400	Héricourt

Modifier des données

Le statut du salarié Ellouze est erroné, il a été promu cadre.

- Double-cliquer sur la cellule à corriger puis cliquer sur le texte à modifier dans la barre de formules ou dans la cellule elle-même.
- Effacer le texte actuel à l'aide de la touche ← ou le sélectionner à l'aide de la souris puis [Suppr].
- Saisir le texte correct.
- Valider la saisie.

Effacer le contenu d'une cellule

La salariée nommée Laurette Gaspard n'a pas quitté l'entreprise, vous devez supprimer la date de départ.

- Cliquer sur la cellule à effacer puis [Suppr].

› *Cette manipulation peut également être réalisée à l'aide de la souris : clic droit Effacer le contenu.*

Les salariés Zibelin et Roberton ont été promus OHQ 2.

Saisir des données identiques dans plusieurs cellules

- Sélectionner les cellules devant recevoir la même valeur en maintenant la touche [Ctrl] enfoncée.
- Relâcher la touche [Ctrl].
- Saisir les données dans la cellule active.
- Valider la saisie par [Ctrl] + [Enter].

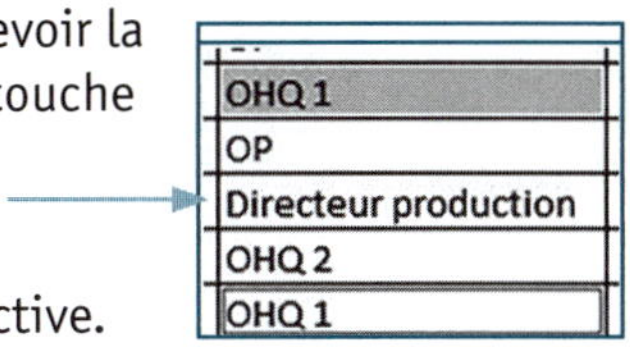

› *Cette manipulation peut également être réalisée sur une ou plusieurs plages de cellule.*

Vous devez préparer la suite du tableau en préparant les matricules A0028 à A0029.

Créer une suite de données

- Clic gauche dans la cellule A29, pointer le carré en bas et à droite de la cellule, le pointeur de la souris se transforme en +.
- Maintenir le bouton de la souris enfoncé.
- Descendre la souris et remarquer l'affichage des valeurs proposé.
- Relâcher la souris lorsque la valeur recherchée est affichée.

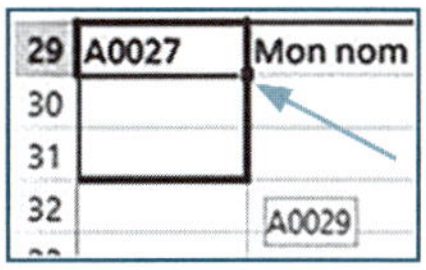

› *Cette manipulation peut également être réalisée sur d'autres valeurs comme des jours de la semaine par exemple.*

Le résultat final à obtenir

	A	B	C	D	E	F	G	H	I	J	K	L
1	**Liste du personnel**											
2	Matricule	Nom	Prénom	Adresse	Code postal	Ville	Fonction	Date de naissance	Date d'entrée	Date de sortie	Sexe	Statut
3	A0001	Michenon	Kevin	2 rue des Chenevières	25200	Montbéliard	PDG	06/12/1973	01/01/2003		M	Cadre
4	A0002	Maertens	Martin	28 rue du 11 Novembre	70400	Héricourt	OQ	05/04/1988	10/10/2008		M	Non cadre
5	A0003	Gaspard	Laurette	Les Oiseaux App B512	90000	Belfort	OQ	24/03/1992	01/04/2011		F	Non cadre
6	A0004	Allila	Florence	11 Rue de la Vouivre	25200	Montbéliard	Secrétaire	11/11/1987	01/09/2008		F	Non cadre
7	A0005	Gloria	Esteban	LD La Zouzotte	25750	Arcey	OP	30/07/1993	20/10/2011		M	Non cadre
8	A0006	Marec	Paul	254 rue des Voironnes	25490	Fesches le Chatel	Maintenance	18/09/1973	01/09/2009		M	Non cadre
9	A0007	Otelli	Gina	Au pré Vouillot	25940	Badevel	Chef comptable	30/10/1987	01/09/2012		F	Cadre
10	A0008	Casamin	Enzo	89B boulevard Léon Blum	25200	Montbéliard	Magasinier	05/01/1983	01/03/2008		M	Non cadre
11	A0009	Bertholet	Louis	6 Le Haut des Planches	25550	Bavans	OP	14/11/1990	01/03/2008		M	Non cadre
12	A0010	Heinze	Karl	rue des Prés Grovet	25870	Geneuille	OP	09/02/1992	01/04/2011	06/06/2012	M	Non cadre
13	A0011	Burger	Oleg	35 rue des Vignes	25200	Montbéliard	Livreur	28/06/1983	10/05/2005		M	Non cadre
14	A0012	Bergougnoux	Bertrand	54Ter rue du Commandant Lafond	25430	Sancey le Grand	OHQ 1	30/09/1993	25/01/2012		M	Non cadre
15	A0013	Castignat	Marc Antoine	32 rue du Bois Bourgeois	25200	Montbéliard	Directeur commercial	16/11/1978	01/09/2008		M	Cadre
16	A0014	Hossegar	Malika	98 rue de la Beuse aux Loups	25200	Montbéliard	OHQ 1	25/04/1984	14/09/2012		F	Non cadre
17	A0015	Perez	Raoul	La Belle Vue App 35	25460	Etupes	Livreur	22/02/1986	20/09/2008		M	Non cadre
18	A0016	Bollenger	Frédérique	150 rue du Docteur Pavillard	70400	Héricourt	OP	01/05/1994	10/09/2012		F	Non cadre
19	A0017	Mitton	Georges	12 rue Lalouette	25960	Deluz	OP	30/03/1994	01/04/2013		M	Non cadre
20	A0018	Ocedo	Fernando	245 chemin de Pouligney	25340	Clerval	Expédition	15/07/1985	01/05/2009		M	Apprenti
21	A0019	Valourec	Wilfrid	78 rue de la Curé	25420	Courcelles les Montbéliard	OP	10/10/1983	01/12/2003		M	Non cadre
22	A0020	Zibelin	Noemie	8 côte de Grande-Vie	25630	Sainte Suzanne	OHQ 2	15/04/1984	10/09/2004	30/09/2012	F	Non cadre
23	A0021	Scaferla	Morgan	54 rue des Combes	25400	Arbouans	OP	30/06/1994	01/10/2012		M	Non cadre
24	A0022	Borgund	Sigmar	65 rue de Gascogne	25200	Grand-Charmont	Directeur production	02/07/1968	01/01/2003		M	Cadre
25	A0023	Trondheim	Elisa	9 rue d'Egoutté	25400	Exincourt	OHQ 2	28/02/1985	01/10/2005		F	Non cadre
26	A0024	Roberton	Charlie	25 rue du Crépon	25200	Montbéliard	OHQ 2	06/06/1988	22/03/2008		M	Non cadre
27	A0025	Cazini	Freddie	1 rue Pierre Frite	25490	Fesches le Chatel	Assistant comptable	20/04/1989	01/09/2011		M	Apprenti
28	A0026	Ellouze	Ahmed	6 rue Méchin	25200	Montbéliard	OP	07/02/1990	10/06/2010		M	Cadre
29	A0027	Mon nom	Mon prénom	Mon adresse	99999	Ma ville	Ma fonction	01/01/9999	01/01/9999		M/F	Mon statut
30	A0028											
31	A0029											

Vos coordonnées apparaissent en bas du tableau, l'alignement par défaut dépend du type de valeurs saisies. Le salarié Ellouze a le statut de cadre, Mme Gaspard n'a pas quitté l'entreprise et les salariés Zibelin et Roberton sont désormais OHQ2. La liste des matricules se poursuit jusqu'à A0029.

6 Je sélectionne des cellules

Le contexte Je dois faciliter la lecture d'un tableau de données.
La ressource Classeur « 6-détail CA ».
L'objectif Appliquer une mise en forme identique à des cellules contiguës ou non.

Comment faire ?

› *On appelle « contiguës » des cellules qui se touchent par un côté. Les autres sont dites « non contiguës » lorsqu'elles ne se touchent pas ou par un angle seulement.*

Sélectionner des cellules contiguës

Vous voulez que les totaux des tableaux apparaissent en gras.

La manipulation est simple :

- Cliquer gauche dans la cellule A15 de la plage à sélectionner.
- Maintenir le clic enfoncé puis étendre la sélection jusqu'à la cellule D15, la dernière cellule de la plage à sélectionner.

- Relâcher le clic de la souris.
- Dans l'onglet Accueil du ruban, groupe Police, cliquer le bouton de mise en Gras pour appliquer la mise en forme aux quatre cellules simultanément.

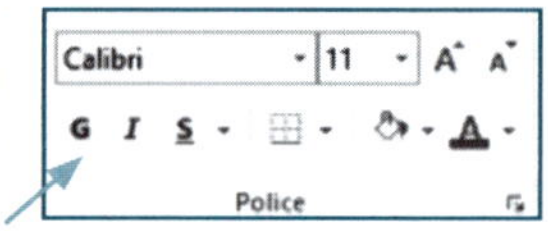

- Reproduire la manipulation ci-dessus pour le deuxième tableau (1re cellule de la plage : F15, dernière cellule I15).

› *Le déplacement de la souris peut être effectué verticalement et en diagonale si la plage s'étend sur plusieurs lignes et colonnes.*

Sélectionner des cellules non contiguës

Vous voulez que les titres des colonnes aient des couleurs différentes mais identiques dans les deux tableaux.

- Cliquer la cellule B2 pour la rendre active puis enfoncer la touche [Ctrl] du clavier.
- Cliquer la cellule G2 correspondant au même titre dans le tableau de l'année précédente. Remarquer le changement appliqué à la première cellule sélectionnée (fond grisé).

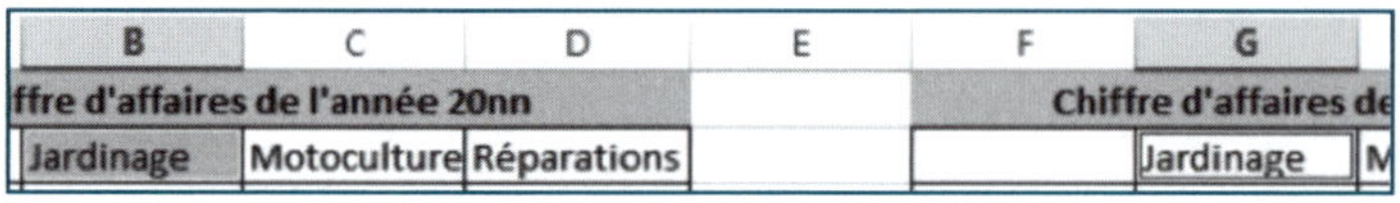

Relâcher la touche [Ctrl].

Dans l'onglet Accueil, cliquer sur l'outil Couleur de remplissage pour appliquer un fond de couleur vert pâle aux deux cellules à la fois.

› *Cette opération aurait pu être réalisée sur un plus grand nombre de cellules, il suffit de maintenir la touche [Ctrl] enfoncée et de sélectionner successivement les autres cellules à mettre en forme.*

Reproduire la manipulation sur les autres titres des colonnes des deux tableaux de manière à obtenir une mise en forme homogène du document.

Vous voulez appliquer à certaines cellules un fond de couleur identique pour faire ressortir les mois où les ventes sont les plus importantes.

Sélectionner des cellules contiguës et non contiguës

Première étape

- Cliquer gauche dans la cellule B6 et étendre la sélection jusqu'à la cellule B11.
- Relâcher le clic de la souris.

Deuxième étape

- **Enfoncer la touche [Ctrl]** et la maintenir enfoncée tout au long de la sélection.
- Cliquer gauche dans la cellule C4 puis étendre la sélection jusqu'en C5.
- Relâcher le clic de la souris.
- Cliquer gauche dans la cellule C11 puis étendre la sélection jusqu'en C12.
- Relâcher le clic de la souris.
- Cliquer gauche dans la cellule D6 puis étendre la sélection jusqu'en D7.
- Relâcher le clic de la souris.
- Cliquer gauche dans la cellule D11 puis étendre la sélection jusqu'en D12.
- **Relâcher la touche [Ctrl].**

Troisième étape

- Dans l'onglet Accueil, cliquer sur l'outil Couleur de remplissage pour appliquer un fond de couleur de votre choix aux cellules sélectionnées.
- Reproduire la manipulation sur le second tableau.

Le résultat final à obtenir

	A	B	C	D	E	F	G	H	I
1	**Chiffre d'affaires de l'année 20nn**					**Chiffre d'affaires de l'année 20nn-1**			
2		Jardinage	Motoculture	Réparations			Jardinage	Motoculture	Réparations
3	Janvier					Janvier			
4	Février					Février			
5	Mars					Mars			
6	Avril					Avril			
7	Mai					Mai			
8	Juin					Juin			
9	Juillet					Juillet			
10	Août					Août			
11	Septembre					Septembre			
12	Octobre					Octobre			
13	Novembre					Novembre			
14	Décembre					Décembre			
15	**Totaux**					**Totaux**			
16									
17									
18	**Pour faciliter la lecture des tableaux, il s'agit de donner la même couleur aux titres des colonnes des deux tableaux**								
19	**et de mettre en gras la ligne des totaux des colonnes.**								

- Il est possible de combiner la sélection de cellules contiguës et non contiguës dans la même manipulation.
- La sélection de cellules sert également beaucoup lors de la réalisation des formules de calcul qui seront vues plus loin.
- Il est possible d'utiliser l'outil Reproduire la mise en forme pour appliquer une mise en forme homogène *a posteriori* sur des cellules différentes.

7 Je trie mes données

Le contexte Je veux trier les données du personnel de l'entreprise.
La ressource Classeur « 7-Liste du personnel ».
L'objectif Utiliser les fonctionnalités de tri des données du tableur.

Comment faire ?

Observer l'existant

La liste des salariés est actuellement triée sur la base des numéros matricules inscrits dans la colonne A. Ces numéros ont été attribués chronologiquement mais certaines personnes ont quitté l'entreprise et l'ordre d'affichage ne correspond pas à celui dont j'ai besoin.

Vous devez trier la liste du personnel par ordre d'ancienneté décroissante dans le but d'évaluer une prime d'ancienneté.

Trier les données

Première technique

À l'aide de la souris, cliquer dans l'une des cellules du tableau de données.

Dans le ruban, onglet Données, cliquer sur l'outil Trier.

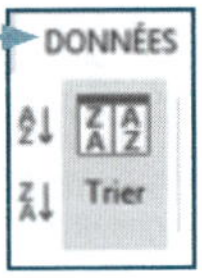

› *Vous remarquerez que l'application a détecté le tableau, sélectionné les données (en grisé) et les titres (non grisés) et vous les proposera en tant que critère de tri.*

Compléter la boîte de dialogue en fonction de vos besoins, ici :

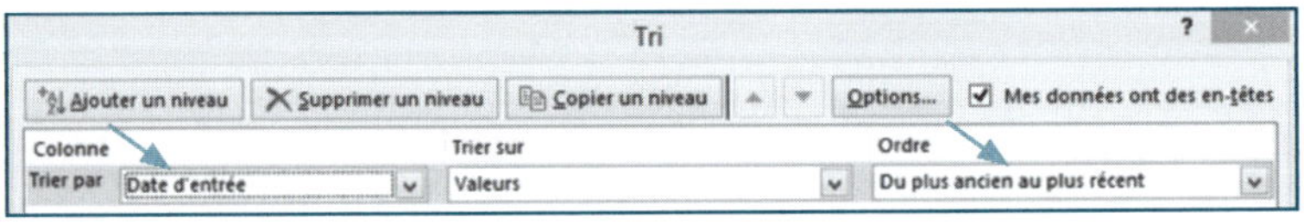

Vérifier la cohérence des résultats : les salariés sont triés par date d'entrée, en commençant par les plus anciens, les autres données ont bien été triées également.

Date de naissance	Date d'entrée
06/12/1973	01/01/2003
02/07/1968	01/01/2003
10/10/1983	01/12/2003

› *Cette manipulation peut également être réalisée par le bouton droit de la souris : sélectionner une cellule du tableau, clic droit, choisir Trier puis Tri personnalisé pour obtenir la boîte de dialogue ci-dessus.*

Seconde technique

À l'aide de la souris, cliquer dans l'une quelconque des cellules de la colonne devant servir de critère de tri.

	I
	Date d'entrée
3	01/01/2003
8	10/10/2008
2	01/04/2011

Cliquer droit et choisir Trier puis le mode de tri approprié, ici :

① ②

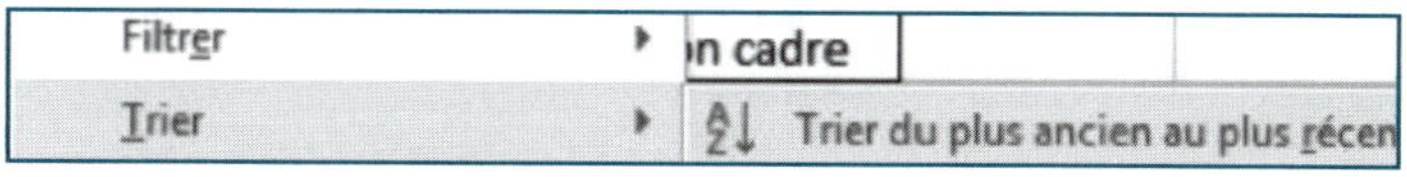

Le tri est automatiquement effectué en incluant toutes les données du tableau, ce qui ne dispense pas de vérifier la cohérence du résultat obtenu !

Le résultat final à obtenir (extrait)

1	Liste du personnel								
2	Matricule	Nom	Prénom	Adresse	Code postal	Ville	Fonction	Date de naissance	Date d'entrée
3	0001	Michenon	Kevin	2 rue des Chenevières	25200	Montbéliard	PDG	06/12/1973	01/01/2003
4	0022	Borgund	Sigmar	65 rue de Gascogne	25200	Grand-Charmont	Directeur production	02/07/1968	01/01/2003
5	0019	Valourec	Wilfrid	78 rue de la Curé	25420	Courcelles les Montbéliard	OP	10/10/1983	01/12/2003
6	0020	Zibelin	Noemie	8 côte de Grande-Vie	25630	Sainte Suzanne	OHQ 1	15/04/1984	10/09/2004
7	0011	Burger	Oleg	35 rue des Vignes	25200	Montbéliard	Livreur	28/06/1983	10/05/2005
8	0023	Trondheim	Elisa	9 rue d'Egoutté	25400	Exincourt	OHQ 2	28/02/1985	01/10/2005
9	0008	Casamin	Enzo	89B boulevard Léon Blum	25200	Montbéliard	Magasinier	05/01/1983	01/03/2008
10	0009	Bertholet	Louis	6 Le Haut des Planches	25550	Bavans	OP	14/11/1990	01/03/2008
11	0024	Roberton	Charlie	25 rue du Crépon	25200	Montbéliard	OHQ 1	06/06/1988	22/03/2008
12	0004	Allila	Florence	11 Rue de la Vouivre	25200	Montbéliard	Secrétaire	11/11/1987	01/09/2008
13	0013	Castignat	Marc Antoine	32 rue du Bois Bourgeois	25200	Montbéliard	Directeur commercial	16/11/1978	01/09/2008
14	0015	Perez	Raoul	La Belle Vue App 35	25460	Etupes	Livreur	22/02/1986	20/09/2008
15	0002	Maertens	Martin	28 rue du 11 Novembre	70400	Héricourt	OQ	05/04/1988	10/10/2008
16	0018	Ocedo	Fernando	245 chemin de Pouligney	25340	Clerval	Expédition	15/07/1985	01/05/2009
17	0006	Marec	Paul	254 rue des Voironnes	25490	Fesches le Chatel	Maintenance	18/09/1973	01/09/2009
18	0026	Ellouze	Ahmed	6 rue Méchin	25200	Montbéliard	OP	07/02/1990	10/06/2010

Les matricules ne sont plus ordonnés mais la liste est bien classée par ordre d'ancienneté, sans désorganisation des autres valeurs du tableau.

Aller plus loin

Vous pouvez trier les données selon d'autres critères :

- le nom ;
- le code postal ;
- la fonction ;
- le statut ;
- le sexe…

Cela pourra vous servir pour des manipulations ultérieures…

- Penser à toujours mettre des titres aux colonnes et/ou aux lignes du tableau, l'application s'en sert pour proposer des tris automatisés.
- Ne pas sélectionner uniquement la colonne devant servir de critère de tri, seules les données qui y figurent seraient triées mais pas celles adjacentes, l'application le signale d'ailleurs et vous propose d'étendre la sélection à tout le tableau si vous commettez l'erreur.
- Après un tri mal effectué, n'oubliez pas que vous pouvez toujours revenir en arrière pour annuler la manipulation à l'aide du bouton de la barre d'outils Accès rapide !

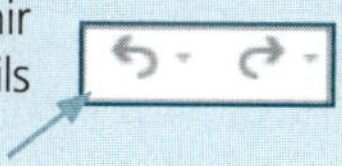

8 Je prépare mes calculs

Le contexte Je veux automatiser une feuille de calcul des prix de mon catalogue.
La ressource Classeur « 8-Catalogue prix » de votre CD-Rom.
L'objectif Comprendre la notion de référence absolue, référence relative et l'utilité des noms de cellules.

Comment faire ?

Observer l'existant

- Dans la feuille Catalogue n, dérouler la liste déroulante sur la gauche de la barre de formules. Il s'agit de la zone Nom dans laquelle Excel affiche les noms de cellules qui ont déjà été affectés.

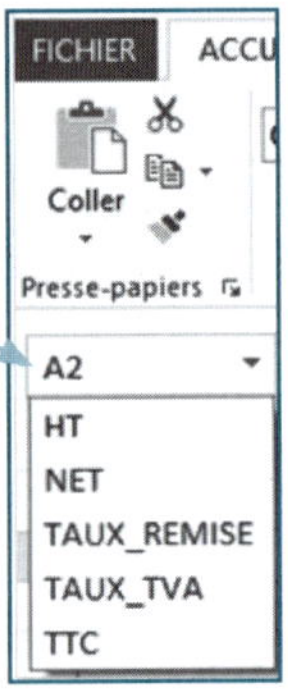

- Choisir un nom dans cette liste et remarquer que le nom :
  - peut désigner une cellule unique (TAUX_REMISE, TAUX_TVA) ou une plage de cellules (HT, NET, TTC) ;
  - ne doit pas comprendre d'espace.
- Observer le contenu des cellules C15 et D3 puis comparer avec celui des cellules D15 et F3. On remarque que :
  - Les noms de cellules simplifient la lecture des formules.
  - Les résultats obtenus sont, bien entendu, identiques.
  - La formule est identique dans toutes les cellules des colonnes C, D et E, elle a été reproduite par recopie vers le bas. Cette fonctionnalité sera abordée dans la fiche 9.

À vous de jouer

- Activer la feuille A vous en cliquant sur son onglet. **A vous**

Vous voulez appliquer automatiquement une hausse à tous les prix du catalogue.

Nommer une cellule

- Nommer la cellule C18 « HAUSSE_PREVUE » :
  - Sélectionner la cellule C18.
  - Saisir le nom choisi dans la zone nom (le symbole % n'est pas admis dans un nom de cellule) et valider par la touche [Entrée].

Nommer une plage de cellules

- Sélectionner les cellules C3 à C13 pour rendre la plage active, puis cliquer dans la zone Nom pour saisir le nom « TTC_N » (vous pouvez remplacer N par le millésime de l'année en cours).

Saisir une formule de calcul

- Sélectionner la cellule D3 pour la rendre active et saisir la formule suivante :

- Valider la saisie et observer le résultat : 1,46 pour cette première cellule.
- Pendant la saisie, remarquer :
  - La suggestion faite par Excel : il suffit de choisir, par un double-clic, dans la liste le nom dont vous avez besoin au lieu de l'écrire.
  - Le remplacement automatique de la référence de la cellule C18 par son nom dans la formule.

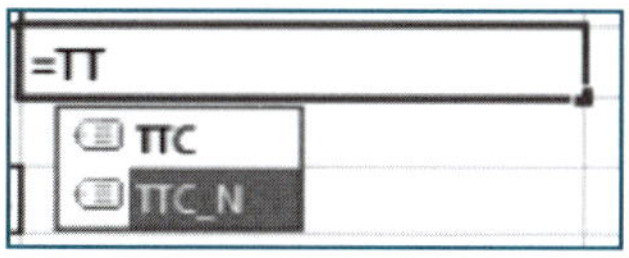

Recopier la formule vers le bas

- Sélectionner la cellule D3 pour la rendre active puis survoler la poignée de recopie (le carré noir en bas et à droite de la cellule) pour faire apparaître le symbole +.
- Maintenir le clic gauche enfoncé et descendre le pointeur de la souris jusqu'à la cellule D13 puis lâcher le clic. La formule est recopiée dans toute la colonne et les calculs sont effectués.

C	D
Prix TTC n	Prix prévisionnel n+1
1,44	1,46
1,68	
2,64	
2,88	
5,16	
5,28	
1,32	
2,52	
2,76	
5,40	
8,16	

Le résultat final à obtenir

	A	B	C	D
1	**Prévisions tarifs n+1**			
2	**Référence**	**Désignation**	**Prix TTC n**	**Prix prévisionnel n+1**
3	C208-1	Cahier 50 pages A4 petit carreau	1,44	1,46
4	C208-2	Cahier 50 pages A4 grand carreau	1,68	1,70
5	C208-3	Cahier 100 pages A4 petit carreau	2,64	2,67
6	C208-4	Cahier 100 pages A4 grand carreau	2,88	2,91
7	C208-5	Cahier 200 pages A4 petit carreau	5,16	5,22
8	C208-6	Cahier 200 pages A4 grand carreau	5,28	5,34
9	C208-7	Carnet A5 100 feuilles petit carreau	1,32	1,34
10	C208-8	Carnet A5 200 feuilles petit carreau	2,52	2,55
11	C208-9	Carnet A4 100 feuilles petit carreau	2,76	2,79
12	C208-10	Carnet A4 200 feuilles grand carreau	5,40	5,46
13	C208-11	Carnet A4 500 feuilles petit carreau	8,16	8,26

Aller plus loin

- Réaliser la formule de calcul qui calculera la moyenne du prix prévisionnel en C15. Vous pouvez vous inspirer de celle qui a été faite dans la feuille de calcul « Catalogue n » (voir la cellule C16).
- Pour réaliser la formule dans l'esprit de ce chapitre, vous devrez d'abord nommer la zone qui contient les prix prévisionnels, par exemple « PREVU_N1 » pour utiliser ce nom dans la formule. Vous devriez obtenir le résultat suivant : 3,610.

- En cas de problème, vous disposez d'un gestionnaire de noms qui vous permettra de supprimer, renommer ou changer les références de cellules des noms déjà attribués dans une feuille de calcul. Il est accessible par l'onglet Formules puis choisir Gestionnaire de noms.
- Dans une formule, il est possible de désigner les cellules de trois façons différentes :

Exemple	Technique et conséquence
C3	Référence **relative** : une recopie entraîne la mise à jour de la référence dans les cellules de destination.
TTC C3*	Référence **absolue** : la recopie n'entraîne pas la mise à jour de la référence dans les cellules de destination, on dit aussi que la cellule est « fixée ».

** Cette technique et ses variantes sont détaillées dans l'ouvrage de niveau avancé.*

- Les noms de cellules sont en principe valables pour tout le classeur et pas seulement pour la feuille en cours, ce qui peut poser des problèmes lorsque des formules d'une feuille font appel à une cellule située par erreur dans une autre feuille parce que le nom a déjà été attribué.

9 J'automatise les tâches (1/3)

Le contexte Je veux calculer le volume d'une livraison pour évaluer les frais de transport à facturer au client.

La ressource Classeur « 9-Calcul volume ».

L'objectif Automatiser une feuille de calcul pour gagner du temps et pouvoir la réutiliser.

Par convention et pour distinguer la ponctuation des signes qui doivent être utilisés dans les formules de calcul, les éléments à saisir faisant partie d'une formule seront encadrés par des | |, par exemple |=|. Ces symboles ne devront pas être saisis au clavier.

Comment faire ?

Observer l'existant

- Dérouler la liste de la zone de nom pour prendre connaissance du nom déjà attribué à une plage de cellule.

Préparer le terrain

- Sélectionner la plage de cellules D3:D13 puis nommer cette plage « Q_LOT ».

Vous voulez créer un tableau dont une partie des données est extraite automatiquement d'un autre tableau.

Saisir une formule simple

- Dans la cellule A21, saisir la formule qui va recopier la valeur de la cellule A3.
  1. Cliquer la cellule A21.
  2. Saisir |=|.
  3. Cliquer la cellule A3 et valider par [Entrée].

Recopier une formule vers le bas

- Reproduire la formule sur la plage A22:A31.
  1. Cliquer à nouveau sur la cellule A21.
  2. Avec le pointeur de la souris, survoler le carré en bas et à droite de la cellule, une croix noire (+) apparaît, cliquer gauche et descendre le pointeur jusqu'à la cellule A31 pour recopier la formule sur toute la plage de cellules, relâcher le clic.
     Les valeurs du tableau supérieur doivent être reproduites sur toute la plage de cellules.
- Effectuer le même travail que ci-dessus pour les cellules B22:B31.

Vous voulez calculer le volume total d'un lot d'expédition.

Saisir une formule simple

- Dans la cellule E3, entrer la formule permettant d'obtenir le **volume d'un lot d'expédition**. Il s'agit de multiplier simplement le volume unitaire par le nombre d'articles par lot.

Technique n° 1 : en utilisant les références relatives.

1. Cliquer la cellule E3.
2. Saisir |=|.
3. Cliquer la cellule C3 qui contient le volume unitaire (la référence relative de la cellule s'écrit automatiquement dans la barre de formules).
4. Saisir le symbole * du clavier numérique pour demander une multiplication.
5. Cliquer la cellule E3 qui contient la quantité d'articles par lot.
6. Enfoncer la touche [Entrée] pour valider la saisie de la formule.
7. Cliquer à nouveau sur la cellule E3, la barre de formules affiche le contenu suivant :

8. Avec le pointeur de la souris, survoler le carré en bas et à droite de la cellule, une croix noire (+) apparaît, cliquer gauche et descendre le pointeur jusqu'à la cellule E13 pour recopier la formule sur toute la plage de cellules, relâcher le clic.
   Les calculs doivent être réalisés sur toute la plage de cellules.

Technique n° 2 : en utilisant les noms de cellules.

1. Cliquer la cellule E3.
2. Saisir |=V_UNIT*Q_LOT|. (Utiliser les automatismes proposés par Excel qui suggère les noms de cellules.)
3. Valider par la touche [Entrée].
4. Recopier la cellule vers le bas comme indiqué plus haut (point 8).
5. Les calculs sont réalisés sur toute la plage de cellules.

Vous voulez maintenant calculer le volume total d'expédition.

Saisir des données

Un client a commandé les quantités suivantes :

Références	Quantité de lots
C208-2	10
C208-3	15
C208-6	15
C208-7	10
C208-11	20

- Saisir les quantités commandées dans le tableau de calcul (cellules C21:C31).
- Saisir la formule de calcul du volume dans la cellule D21.

› *Il s'agit de multiplier la quantité de lots commandée par le volume de chaque lot qui se trouve dans le tableau supérieur.*

1. Cliquer la cellule D21 et saisir la formule en commençant par |=|.
2. Entrer la référence de la cellule contenant la quantité commandée ou le nom de la plage de cellules (Q_LOT_COM) puis * et cliquer sur la cellule E3 qui contient le volume correspondant à la première ligne du tableau.
3. Valider la saisie par [Entrée].
4. Recopier la formule vers le bas pour que le calcul soit fait sur toute la colonne.

Saisir une formule simple

Saisir les formules de calcul qui permettent d'obtenir le volume total de la commande en décimètres cube puis sa correspondance en mètre cube.

1. Cliquer la cellule D33 et saisir |=|.
2. Saisir le nom de la fonction SOMME puis ouvrir une parenthèse.
3. Cliquer la cellule D21 puis étendre la sélection jusqu'à D33.
4. Relâcher le bouton de la souris et fermer la parenthèse puis valider la saisie par [Entrée], le total doit apparaître dans la cellule D33.

Aller plus loin

- Saisir une formule permettant d'obtenir le volume total en mètre cube (1 mètre cube = 1 000 dm^3).
- Modifier une donnée dans le tableau supérieur (référence, libellé, quantité par lot ou volume unitaire) pour vérifier que les données calculées dans le tableau inférieur sont automatiquement mises à jour.

+

- Une formule de calcul est préférable à un copier/coller lorsque des données sont susceptibles d'être mises à jour.
- La recopie vers le bas ou vers la droite d'une formule de calcul utilisant des références relatives (A3 par exemple) entraîne la mise à jour des références dans les cellules recopiées (A3 → A4 → A5… vers le bas ou A3 → B3 → C3… vers la droite).
- Toute formule de calcul commence toujours par la saisie du signe |=|.
- Toute fonction de calcul (Somme par exemple) est immédiatement suivie d'une parenthèse ouvrante puis des arguments attendus par la fonction : une liste ou une plage de cellules pour la fonction somme (). Par exemple : |=SOMME (B1;B5;D4)| ou |=SOMME (A1:A5)|.
- Inutile de saisir les références d'une cellule, il suffit de cliquer à l'aide de la souris sur cette cellule pour qu'elles s'affichent automatiquement (référence relative ou nom si elle a été nommée).

10 J'automatise les tâches (2/3)

Le contexte Je veux calculer le montant du transport à facturer selon la distance.
La ressource Classeur « 10-Calcul transport ».
L'objectif Automatiser une feuille de calcul pour gagner du temps et pouvoir la réutiliser.

Comment faire ?

Vous travaillez dans la feuille « Calcul transport Si ».

Observer l'existant

- Cliquer successivement les cellules E4, E11, E13, E14 et E15 pour prendre connaissance des formules qui existent déjà dans la feuille de calcul. Le calcul des montants HT par ligne utilise les noms de cellules, les autres cellules utilisent une fonction somme et des opérateurs arithmétiques (+ et ×).

Vous calculez le montant du transport en fonction du montant total HT de la facture.

Utiliser la fonction SI

Il s'agit de faire un calcul conditionnel puisque le montant du transport à facturer dépend du montant HT de la facture.

La fonction qui va être utilisée est la fonction SI dont la syntaxe est la suivante : =SI(test logique;valeur si vrai;valeur si faux)

Le premier **;** peut être lu « alors » et le deuxième « sinon » ce qui donne : « Si la condition est remplie alors je calcule ainsi, sinon je calcule ainsi. »

- Cliquer la cellule E12 et saisir |=SI(|.
- Cliquer la cellule E11 pour désigner le montant qui va servir de critère de calcul, soit le montant HT ; la formule affiche : |=SI(HT|.
- Continuer la saisie par : |>=500;0;40)|.
- Valider la saisie par [Entrée], la cellule contient : =SI(HT>=500;0;40)
- Compte tenu des valeurs actuelles dans la facture, le montant de transport facturé doit être de 40 €.

› *Remarquer que la formule ne doit comporter aucun espace.*

Tester le fonctionnement de la formule dans les deux cas possibles

- Modifier les quantités facturées de la colonne C pour obtenir un « Montant HT marchandises » supérieur à 500 €.
- Le montant du transport facturé doit disparaître et le total TTC doit être mis à jour automatiquement.

Vous voulez ajouter une condition au calcul du transport à facturer : il dépend du montant HT de la facture et du département de livraison. Vous travaillerez cette fois dans la feuille « Calcul transport Si Ou ».

Utiliser la fonction OU

La fonction qui va être utilisée est la fonction OU dont la syntaxe est la suivante : =OU(valeur logique 1;valeur logique 2 ;...)

Elle est, en général, utilisée avec la fonction SI pour tester plusieurs conditions successives non cumulatives (il suffit que l'une soit remplie pour que l'action s'exécute).

- Cliquer la cellule E13 et saisir |=SI(OU(|.
- Cliquer la cellule C2 pour désigner la valeur qui va servir de premier critère de calcul, soit ici le département ; la formule affiche |=SI(OU(departement|.
- Continuer la saisie par |=90;|.
- Cliquer la cellule E12 pour désigner la valeur qui va servir de deuxième critère de calcul soit ici le montant HT, la formule affiche |=SI(OU(departement=90;HT|.
- Continuer la saisie par |>=500);0;40)|.
- Valider la saisie par [Entrée], la formule doit être :

```
=SI(OU(departement=90;HT>=500);0;40)
```

Compte tenu des valeurs actuelles du jeu d'essai dans la facture, le montant de transport facturé doit être de 0 €.

Tester le fonctionnement de la formule

- Modifier les quantités facturées de la colonne C pour obtenir un « Montant HT marchandises » inférieur à 500 € ou modifier le département pour vérifier qu'avec un montant inférieur mais un département à 90, le transport est égal à zéro.

  La formule saisie peut être interprétée ainsi : « SI le département est le 90 OU (sous entendu) SI le montant HT est supérieur ou égal à 500 € ALORS, le transport est gratuit SINON il est facturé 40 €. » On pourra donc tester les différents cas suivants :

Montant HT	Département	Transport facturé
>=500	90	0
	Différent de 90	0
<500	90	0
	Différent de 90	40

Le résultat final à obtenir

	A	B	C	D	E
1					
2		**Département de livraison**	90		
3	Date : 20/12/n		FACTURE N°	1205-45	
4	**Référence**	**Désignation**	**Quantité**	**Prix unitaire HT**	**Montant HT**
5	C208-1	Cahier 50 pages A4 petit carreau	10	1,20	12,00
6	C208-4	Cahier 100 pages A4 grand carreau	8	2,40	19,20
7	C208-5	Cahier 200 pages A4 petit carreau	5	4,30	21,50
8	C208-7	Carnet A5 100 feuilles petit carreau	60	1,10	66,00
9	C208-8	Carnet A5 200 feuilles petit carreau	60	2,10	126,00
10	C208-10	Carnet A4 200 feuilles grand carreau	10	4,50	45,00
11	C208-11	Carnet A4 500 feuilles petit carreau	10	6,80	68,00
12	**Conditions de livraison :**			**HT marchandises**	357,70
13	Département de livraison = 90 : Franco de port			Forfait transport	0,00
14	Autres départements :			Total HT soumis à la TVA	357,70
15	Commande supérieure ou égale à 500€ : Franco de port			TVA 20%	71,54
16	Commande inférieure à 500€ : forfait 40€			**Total TTC à votre crédit**	429,24

On remarque que, bien que le montant soit inférieur à 500 €, le transport n'est pas facturé car le département a la valeur 90.

- La fonction SI() permet de tester une condition à la fois, ce qui ne permet donc de traiter que deux cas seulement, mais il est possible d'imbriquer plusieurs SI pour traiter des conditions successives. Ce cas est traité dans l'ouvrage destiné à l'approfondissement du tableur.
- Le test logique est effectué généralement à l'aide des opérateurs de comparaison (> < =) mais il existe également des fonctions d'Excel qui peuvent servir de critère (ESTNUM, ESTTEXTE, ESTVIDE...).
- La fonction OU() doit respecter une syntaxe précise, en particulier en ce qui concerne son emplacement dans la formule de calcul.
- Le OU() au sens informatique correspond en général au ET dans le langage courant, il s'utilise lorsque l'une des deux conditions exprimées est suffisante pour que l'action correspondante soit exécutée.
- Lorsqu'une formule contient des parenthèses nombreuses, Excel met en surbrillance la parenthèse ouvrante correspondant à celle que vous fermez et utilise des codes de couleur, cela facilite parfois la détection des erreurs de syntaxe dans les formules complexes.

11 J'automatise les tâches (3/3)

Le contexte Je veux afficher automatiquement la désignation et le prix d'articles facturés à partir de leur référence.

La ressource Classeur « 11-Facturation »

L'objectif Automatiser une feuille de calcul pour gagner du temps et pouvoir la réutiliser

Comment faire ?

Observer l'existant

Vous travaillez dans la feuille Facture.

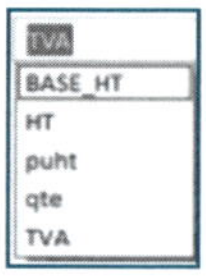

Dérouler la zone Nom pour prendre connaissance des noms qui ont déjà été attribués à certaines cellules de la feuille de calcul.

Préparer le terrain

Vous voulez que les références et les prix HT des articles commandés s'affichent automatiquement après saisie de la référence.

- Activer la feuille Références en cliquant sur son onglet.
- Sélectionner la plage de cellules A3 jusqu'à C13, les plages seront désormais désignées sous leur forme Excel (A3:C13 ici).
- Saisir le nom de cette nouvelle plage dans la zone Nom : catalogue et valider la saisie par [Entrée].

- Revenir dans la feuille Facture en cliquant sur son onglet.

Utiliser la fonction RECHERCHEV

La fonction de calcul à utiliser est la fonction RECHERCHEV qui effectue une recherche verticale dans une plage de cellules sur la base d'une valeur servant de critère de recherche. Ici, nous allons demander au tableur de rechercher la valeur de la référence qui se situe dans la colonne A et de renvoyer la valeur se trouvant en face de cette référence dans la plage « catalogue » dans la 2e colonne.

- Activer la cellule B4 et saisir la formule suivante : =|RECHERCHEV(A4;catalogue;2)|. Ce qui peut être traduit par : « recherche la valeur de la cellule A4 dans la zone catalogue et retourne la valeur qui se situe dans la deuxième colonne en face de cette valeur ».
- Recopier la formule vers le bas pour que la facture se complète automatiquement sur toutes les lignes, quel que soit le nombre d'articles différents sur la même facture.
- Effectuer le même travail sur les cellules D4:D10, il s'agit cette fois de retourner le contenu de la troisième colonne, la formule est donc la même, mis à part le numéro de la colonne à retourner.

Le résultat final à obtenir

	A	B	C	D	E
1					
2	Date : 20/12/n		FACTURE N°	1205-68	
3	**Référence**	**Désignation**	**Quantité**	**Prix unitaire HT**	**Montant HT**
4	2081	Cahier 50 pages A4 petit carreau	10	1,20	12,00
5	2084	Cahier 100 pages A4 grand carreau	8	2,40	19,20
6	2085	Cahier 200 pages A4 petit carreau	5	4,30	21,50
7	2087	Carnet A5 100 feuilles petit carreau	60	1,10	66,00
8	2088	Carnet A5 200 feuilles petit carreau	60	2,10	126,00
9	2090	Carnet A4 200 feuilles grand carreau	10	4,50	45,00
10					
11				**HT marchandises**	289,70
12	**Conditions de livraison :**			Forfait transport	40,00
13	Commande supérieure ou égale à 500€ : Franco de			Total HT soumis à la TVA	329,70
14	port			TVA 20%	65,94
15	Commande inférieure à 500€ : forfait 40€			**Total TTC à votre crédit**	395,64

Aller plus loin

Les formules fonctionnent ici sans problème, mais, si la facture n'est pas complète, un code d'erreur va apparaître (#N/A). Il faut donc l'améliorer pour éviter ce problème.

- Supprimer les valeurs des cellules A10 et C10, un ensemble de messages d'erreur apparaît dans toutes les cellules dont le calcul dépend de cette cellule.
- Activer la cellule B4 et modifier la formule pour y ajouter une condition : la recherche ne doit pas être faite si la cellule A4 est vide, ce qui peut être obtenu avec les fonctions SI et ESTVIDE :

```
=SI(ESTVIDE(A4);0;RECHERCHEV(A4;catalogue;2))
```

On peut traduire la formule par : « Si la cellule A4 est vide, alors la fonction retourne la valeur zéro, sinon on recherche la valeur affichée par la cellule A4 dans la zone catalogue et on retourne la valeur qui se trouve dans la deuxième colonne à partir de la valeur trouvée. »

- Recopier cette formule vers le bas, le message d'erreur doit disparaître dans la cellule A10.
- Exécuter la même modification dans la colonne D.

+

- Il existe plusieurs fonctions de RECHERCHE (simple, verticale ou horizontale) : pour qu'elles fonctionnent correctement, la matrice (plage de cellules) contenant les valeurs doit être ordonnée sur la première colonne servant d'index.
- Il est possible de faire disparaître les zéros en passant par les options de la feuille de calcul : Menu Fichier – Options – Options avancées – Options d'affichage de la feuille de calcul et cocher ou décocher la zone Afficher un zéro dans les cellules qui ont une valeur nulle selon l'objectif recherché. En phase de création de la feuille, il peut être préférable d'afficher les zéros pour vérifier qu'une formule a bien été créée et qu'elle fonctionne mais on pourra les masquer lorsqu'on passera à la phase d'utilisation de la feuille.

12 Je corrige mes erreurs

Le contexte Je veux corriger les erreurs commises dans la saisie de mes formules.
La ressource Classeur « 12-Facturation erreurs ».
L'objectif Comprendre la signification des codes d'erreurs affichés par Excel.

Comment faire ?

Vous travaillerez dans la feuille Facture.

Observer l'existant

Repérer les différents codes d'erreur affichés par le tableur. Ce sont les plus fréquemment rencontrés.

Corriger les formules

Plusieurs erreurs ont été commises, nous allons les corriger successivement pour comprendre la signification des codes d'erreur affichés par le tableur.

Référence circulaire

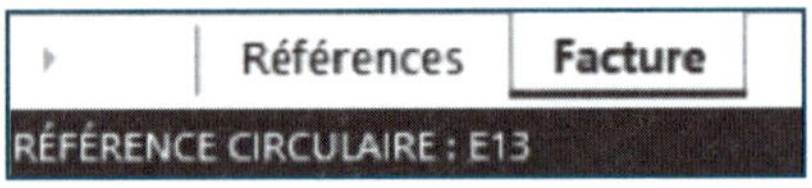

Cette erreur se produit en général lorsqu'une formule introduite dans une cellule fait référence à elle-même. Cela empêche le tableur de fonctionner correctement et bloque tous les autres calculs. Le message d'erreur est visible en bas de page mais un avertissement est également affiché lors de la saisie de la formule, la référence de la cellule indiquée permet de localiser l'erreur.

- Activer la cellule E13 et observer son contenu.
- Corriger l'erreur en rectifiant la formule. La somme doit s'arrêter à la cellule E12.
- La mention de la référence circulaire doit disparaître et la somme doit être réalisée.

#NOM ?

- Activer la cellule B4 et observer son contenu.
- On remarque que le nom de la fonction de recherche utilisée est mal orthographié, le tableur n'a pas identifié le nom de cette fonction.
- Ajouter le *e* manquant dans le nom de la fonction de recherche, le message d'erreur doit disparaître et être remplacé par la valeur recherchée.

#REF !

- Activer la cellule E14 et observer son contenu.
- La formule fait référence à une cellule nommée Taux_TVA.
- Dérouler la zone Nom et rechercher le nom Taux_TVA, celui-ci n'existe pas, la formule fait donc référence à un nom de cellule inexistant ; elle est donc incapable d'effectuer le calcul demandé.
- Activer la cellule D19.
- Saisir le nom « Taux_TVA » dans la zone Nom.
- Le résultat apparaît dans la cellule E14 et l'erreur qui apparaissait dans la cellule E15 par ricochet disparaît par la même occasion.

#VALEUR !

- Activer la cellule D16 et observer son contenu.
- Le total a été obtenu en incluant une cellule contenant une valeur de type texte, le tableur ne sait donc pas faire le calcul.
- Corriger en supprimant la référence à la cellule C3 ou utiliser la fonction SOMME qui sait faire la différence entre les chaînes de caractères et les chiffres.
- Le résultat apparaît dans la cellule D16.

#DIV/0 !

- Activer la cellule E14 et observer son contenu.
- La formule calcule une moyenne à partir de la somme des quantités qui a été mal rédigée.
- Remplacer SOMME (A11) par SOMME (C4:C10) ou SOMME (qte) puisque la zone est déjà nommée ou encore par D16 qui contient déjà cette somme.
- Le message d'erreur disparaît et le résultat du calcul est affiché.

#########

- Activer la cellule C21 et observer son contenu.
- Il s'agit d'un nombre de 6 chiffres + 3 décimales qui a, de plus, été mis au format monétaire ; la taille de la cellule ne permet pas d'afficher le contenu entier.
- Il suffit d'élargir la cellule pour obtenir l'affichage complet : placer la souris sur la tête de colonne lettrée, dès que le pointeur se transforme en : ↔. Cliquer sans relâcher pour élargir la colonne.
- Le résultat doit s'afficher en entier.

Le résultat final à obtenir

	A	B	C	D	E
1					
2	Date : 20/12/n		FACTURE N°	1205-68	
3	**Référence**	**Désignation**	**Quantité**	**Prix unitaire HT**	**Montant HT**
4	2081	Cahier 50 pages A4 petit carreau	10	1,20	12,00
5	2084	Cahier 100 pages A4 grand carreau	8	2,40	19,20
6	2085	Cahier 200 pages A4 petit carreau	5	4,30	21,50
7	2087	Carnet A5 100 feuilles petit carreau	60	1,10	66,00
8	2088	Carnet A5 200 feuilles petit carreau	60	2,10	126,00
9	2090	Carnet A4 200 feuilles petit carreau	10	4,50	45,00
10					
11				**HT marchandises**	289,70
12	**Conditions de livraison :**			Forfait transport	40,00
13	Commande supérieure ou égale à 500€ : Franco de port			Total HT soumis à la TVA	329,70
14	Commande inférieure à 500€ : forfait 40€			TVA 20%	65,94
15				**Total TTC à votre crédit**	395,64
16		Nombre d'articles commandés		153	
17		Prix moyen des articles facturés		1,8935	
18					
19		Taux de TVA		20%	
20					
21		Cumul CA papeterie année n	125 658,25 €		

- En cas d'erreur due à une **référence circulaire**, il est préférable de commencer par corriger cette erreur car elle bloque complètement les autres calculs et les autres corrections risquent donc de rester sans effet tant que la référence circulaire ne sera pas éliminée.
- Excel propose des outils pour corriger les erreurs (leur efficacité n'est pas toujours totale et il vaut souvent mieux compter sur sa propre logique) :
  - **Les messages d'alerte** : les cellules dont le contenu est jugé incohérent par le tableur sont repérées par un triangle vert en haut et à gauche, un symbole d'alerte propose une liste déroulante et des informations ou actions possibles.

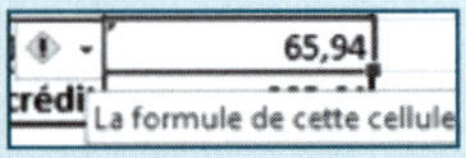

  - **L'outil de vérification des erreurs** : il est accessible depuis le ruban dans l'onglet Formules et propose un ensemble de vérifications, voire de corrections. Il est conseillé de vérifier la cohérence des suggestions du tableur avant de les appliquer…

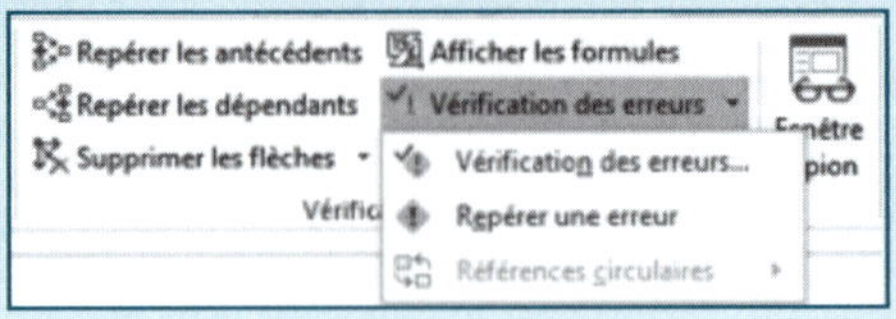

13 J'agrémente mes tableaux (1/2)

Le contexte Vous venez de réaliser un tableau de calcul et vous devez le présenter à votre hiérarchie.
La ressource Classeur « 13-Présentation ».
L'objectif Utiliser les outils de mise en forme des données.

Comment faire ?

Observer l'existant

Le tableau fourni contient des données de différentes natures qu'il est utile de mettre en forme pour en rendre la lecture plus aisée et plus agréable. Il n'a pas de vocation professionnelle, mais vous permettra d'observer le résultat des principaux paramètres de mise en forme.

Améliorer la présentation

La plupart des outils vont être accessibles depuis le ruban, onglet Accueil.

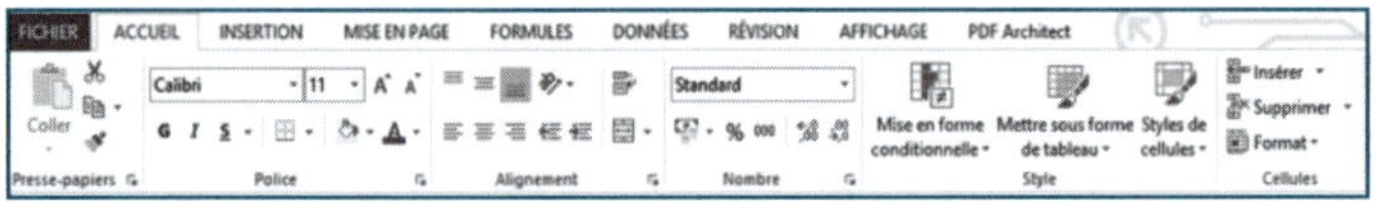

Alignement Police

- Sélectionner successivement les cellules de la colonne A et appliquer l'alignement indiqué en utilisant le bouton approprié du groupe d'outils Police.

Nombre

- Sélectionner successivement les cellules de la colonne B et appliquer les formats suivants aux cellules indiquées en utilisant le bouton approprié du groupe d'outils Nombre :
  - B2 : 2 décimales.
  - B3 : 1 décimale (la 2e décimale sera masquée).
  - B4 : séparateur de milliers (les deux dernières décimales seront masquées).
  - B5 : format Nombre comptabilité.
  - B6 : format Séparateur de milliers (deux décimales affichées seulement).

Pourcentages

- Sélectionner successivement les cellules de la colonne C et appliquer les formats suivants aux cellules indiquées en utilisant les boutons appropriés du groupe d'outils Nombre.
  - C2 : pourcentage.
  - C3 : pourcentage à deux décimales.
  - C4 : pourcentage (la décimale sera masquée).
  - C5 : pourcentage (les trois décimales seront masquées).

Fractions

Pour ce paramétrage, vous devrez ouvrir les options complémentaires en cliquant sur le symbole en bas et à droite du groupe d'options Nombre.

Fractions (suite)

Vous pouvez également atteindre les options les plus courantes en déroulant la liste Format de nombre.

- Sélectionner successivement les cellules de la colonne D et appliquer les formats suivants aux cellules indiquées en utilisant les boutons appropriés du groupe d'outils Nombre.

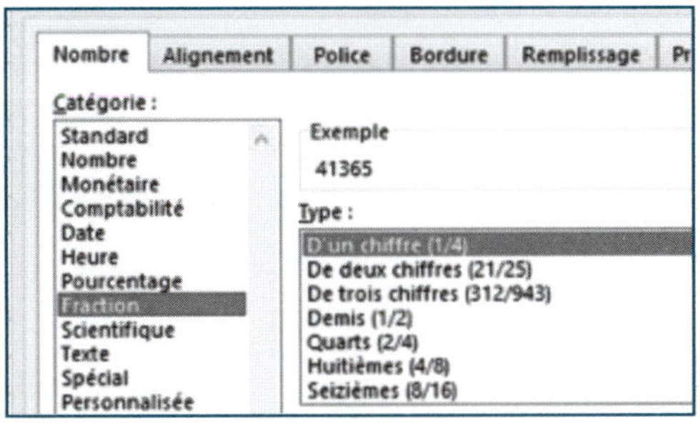

  - D2 : fraction d'un chiffre : la mise en forme fonctionne bien car la valeur a été saisie sous forme décimale.
  - D3 : fraction d'un chiffre : la mise en forme ne fonctionne pas car le tableur a transformé la valeur saisie en date de manière automatique car il l'a reconnue comme une date. Il faut donc la ressaisir sous la forme 1/3 ou 0,33333 pour obtenir un affichage correct !
  - D4 : fraction de 3 chiffres, pas de changement de l'affichage, Excel avait bien reconnu et appliqué le format.

Dates

Là aussi, vous pourrez accéder aux options de mise en forme par la liste déroulante Format de nombre ou en ouvrant la gamme complète des options.

- Sélectionner successivement les cellules de la colonne E et appliquer les formats suivants aux cellules indiquées en utilisant d'abord la liste déroulante Format de date puisque, lorsque le choix n'est pas proposé, la gamme complète d'options en sélectionnant Autres formats numériques....
  - E2 : date courte.
  - E3 : date longue.
  - E4 : date de type 1/1/15.
  - E5 : date de type 1-janv.-2015.
  - E6 : date de type 02/01/2015 *(format anglo-saxon mm/jj/aaaa)*.

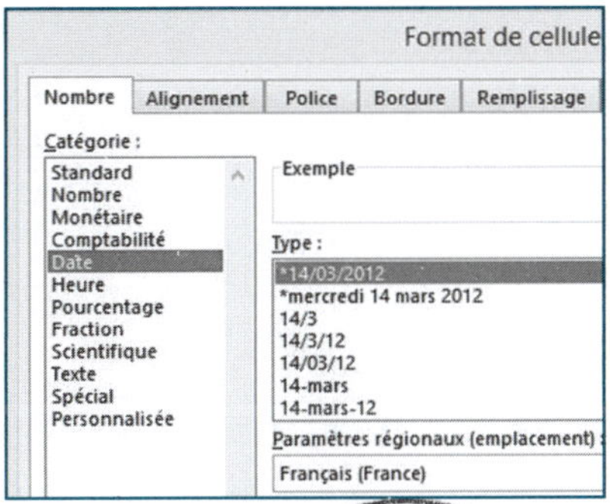

Le résultat final à obtenir

Un exemple de mises en forme diverses.

	A	B	C	D	E
1	**Texte**	**Chiffres**	**Pourcentages**	**Fractions**	**Dates**
2	A droite	12345,00	1%	0,25	01/02/2014
3	A gauche	12345,7	10,00%	1/3	samedi 1 mars 2014
4	Centré	12 345,68	11%	1/100	1/1/15
5	**Gras**	123 456,00 €	11%		1-janv.-15
6	*Italiques*	0,12			2/1/2015
7	Souligné				
8	Taille 18				
9	Augmenter la taille				
10	Diminuer la taille				
11					
12	Centré verticalement				
13					
14	Police Times New Roman				

- Le type de données reconnu par Excel lors de la saisie implique une mise en forme par défaut qui peut être modifiée après-coup.
- Le fait de masquer les décimales à l'aide d'un outil de mise en forme ne supprime pas ces décimales : elles sont toujours utilisées dans les calculs qui utilisent les cellules concernées ; cela peut aboutir à des résultats différents. Pour obtenir un véritable arrondi, il faudra utiliser une des fonctions de calcul d'Excel dont la variante ARRONDI.AU.MULTIPLE est exposée à la fiche 18 dans le cas de synthèse.
- Les manipulations décrites ci-dessus peuvent aussi être réalisées à l'aide du bouton droit de la souris ou en ouvrant les boîtes de dialogue du logiciel (clic sur le ⧉ bouton inférieur droit en bas de chaque groupe d'outils). Les choix proposés sont alors plus complets.

14 J'agrémente mes tableaux (2/2)

Le contexte Vous venez de réaliser un tableau de calcul et vous devez le présenter à votre hiérarchie.

La ressource Classeur « 14-Présentation ».

L'objectif Utiliser les options de mise en forme des tableaux.

Comment faire ?

Observer l'existant

On remarque que les titres de certaines colonnes s'appliquent à plusieurs colonnes, il y a donc lieu de fusionner certaines cellules.

La plupart des outils vont être accessibles depuis le ruban, onglet Accueil.

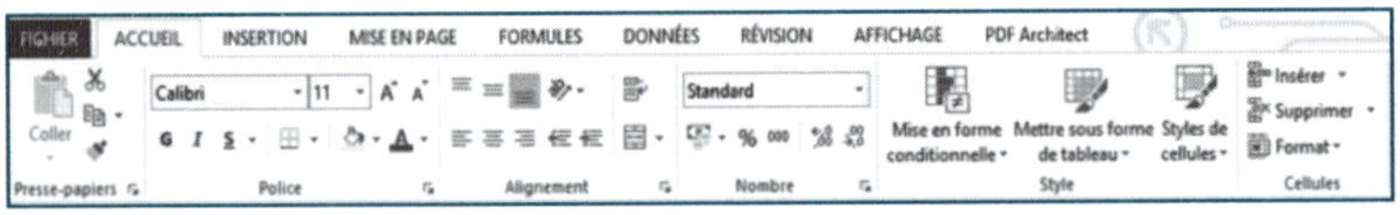

Fusionner des cellules

- Sélectionner les cellules A1:K1 et cliquer le bouton Fusionner et centrer dans le groupe Alignement de l'onglet Accueil du ruban.
- Augmenter la taille de police du titre et ajouter une couleur de remplissage à votre goût.

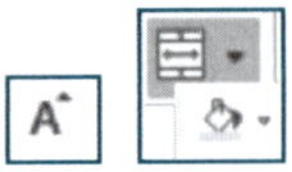

- Sélectionner les titres de la ligne 2 et fusionner les cellules trois par trois au-dessus des chiffres d'affaires par secteur.
- Modifier la taille de police et ajouter une couleur de fond si vous le désirez.
- Fusionner verticalement les cellules A2 et A3 puis K2 et K3.

La structure du tableau étant désormais définitive, réaliser le quadrillage pour faciliter la lecture.

Dessiner les bordures du tableau

- Sélectionner les cellules A2:K12 puis activer le bouton de quadrillage . Dans la liste proposée, choisir le quadrillage Toutes les bordures.
- Sélectionner les cellules A1:K12 et choisir une bordure épaisse en encadré.

Régler la largeur des colonnes

On remarque que l'affichage entier entraîne une colonne trop large pour les valeurs stockées (colonne C) ou que l'affichage est tronqué (colonnes F, I et K), nous allons donc améliorer la mise en forme.

- Sélectionner les cellules B3:K3 et cliquer sur l'angle inférieur droit du groupe Alignement.
- Choisir le centrage vertical et horizontal puis cocher la case Renvoyer à la ligne automatiquement.
- Régler la largeur des colonnes à l'aide de la souris.

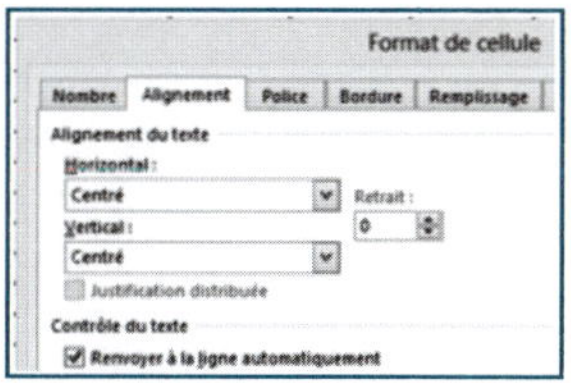

Ajouter un commentaire dans une cellule

Il peut être utile de commenter un tableau pour faire en sorte qu'un autre utilisateur puisse comprendre, par exemple, la logique de calcul d'une formule.

- Activer la cellule L17 puis cliquer droit pour choisir Insérer un commentaire.

- Entrer le texte « Vérification des totaux verticaux et horizontaux qui doivent être égaux ». Un triangle rouge signale la présence du commentaire.

Mettre en forme les données

Afin de faciliter la lecture des chiffres, il est possible d'appliquer un format séparant les milliers d'euros.

- Sélectionner les cellules B4:K16.
- Dans le groupe Nombre, cliquer sur l'outil Séparateur de milliers puis réduire le nombre de décimales à zéro grâce à l'outil Réduire les décimales.

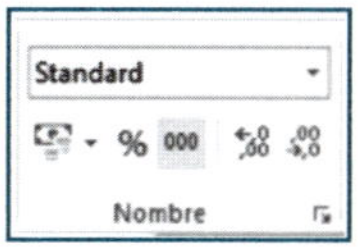

Le résultat final à obtenir

Le tableau après application des paramètres de mise en forme.

	A	B	C	D	E	F	G	H	I	J	K	L
1	Chiffre d'affaires par magasin et par secteur d'activité											
2		Besançon			Dijon			Belfort			Total mensuel	
3		Textile	Chaussures randonnées	Cycle	Textile	Chaussures randonnées	Cycle	Textile	Chaussures randonnées	Cycle		
4	Janvier	12 640	5 740	6 540	14 686	6 130	7 122	13 541	5 624	6 503	78 526	
5	Février	15 660	4 410	7 894	18 406	4 456	8 796	17 009	4 071	8 056	88 758	
6	Mars	17 895	3 256	8 851	21 196	3 030	9 974	19 596	2 726	9 194	95 718	
7	Avril	21 298	8 564	10 540	25 412	9 602	12 082	23 477	8 832	11 109	130 916	
8	Mai	26 547	9 587	12 698	31 922	10 904	14 748	29 532	10 022	13 593	159 553	
9	Juin	22 658	10 010	15 550	27 086	11 400	18 282	25 082	10 488	16 905	157 461	
10	Juillet	25 888	12 350	18 654	31 116	14 314	22 126	28 756	13 179	20 476	186 859	
11	Août	23 345	9 587	15 478	27 954	10 904	18 220	25 858	10 022	16 802	158 170	
12	Septembre	19 584	8 240	14 440	23 304	9 230	16 918	21 511	8 470	15 611	137 308	
13	Octobre	17 410	6 320	11 005	20 576	6 812	12 640	19 027	6 245	11 678	111 713	
14	Novembre	12 654	3 210	9 541	14 686	2 968	10 842	13 541	2 674	9 971	80 087	
15	Décembre	23 654	4 500	10 654	28 326	4 580	12 206	26 220	4 175	11 264	125 579	
16	**Totaux**	**239 233**	**85 774**	**141 845**	**284 670**	**94 330**	**163 956**	**263 150**	**86 528**	**151 162**	**1 510 648**	
17										Contrôle de cohérence		OK

Aller plus loin

Excel propose également des styles automatiques ; vous pouvez les tester dans la feuille Style du classeur :

- Cliquer l'onglet de la feuille Style de votre classeur.
- Dans le groupe Style, choisir l'outil Style de cellules et tester les différentes propositions sur les différentes parties du tableau.

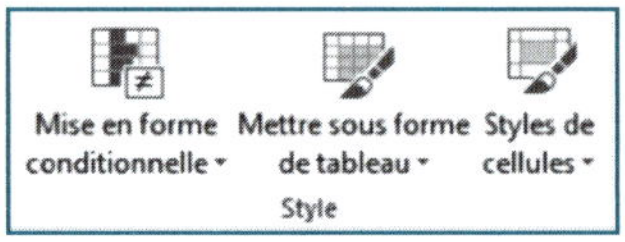

Un aperçu des styles proposés.

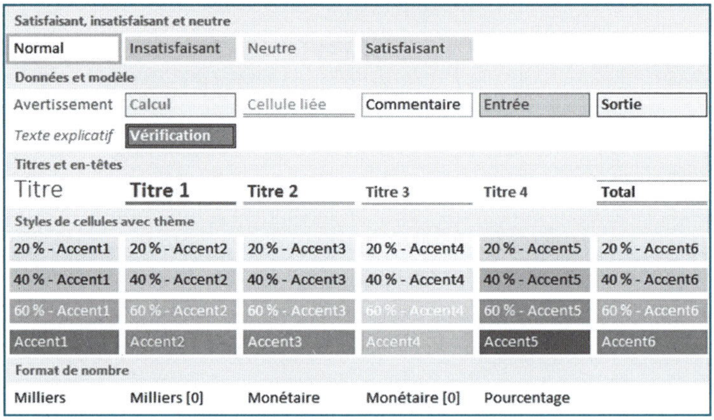

- Tout tableau doit toujours comporter un titre explicite permettant de comprendre au premier coup d'œil de quoi il va traiter.

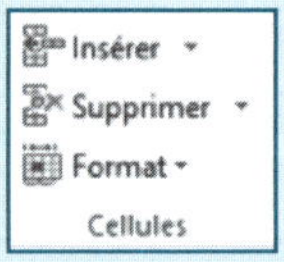

- Il est possible de régler la largeur des colonnes mais aussi la hauteur des lignes, à l'aide de la souris ou, à l'aide du groupe d'outils Cellules, choisir Format.
- La fusion de cellules (verticalement ou horizontalement) est une opération à réaliser plutôt en dernier afin d'éviter d'avoir à la défaire en cas de modification éventuelle de la structure du tableau (ajout d'une colonne par exemple).
- Ne pas abuser des couleurs, le résultat final n'est pas toujours optimal, surtout si le document doit être imprimé ou photocopié en monochrome…
- Il est possible d'accéder à des options de mise en forme plus complètes en cliquant le petit triangle en bas et à droite des groupes d'outils du ruban.

15 Je crée un graphique simple

Le contexte Vous devez représenter la répartition du chiffre d'affaires de différents magasins par secteur d'activité.

La ressource Classeur « 15-Graphique CA ».

L'objectif Savoir créer un graphique à partir d'un tableau de données.

Comment faire ?

Vous voulez représenter la répartition du chiffre d'affaires annuel par secteur d'activité et par magasin.

Sélectionner les données à représenter

Il va donc être nécessaire de désigner :

- les cellules de titres qui vont servir de légende ;
- les cellules contenant les totaux de CA par secteur d'activité.

- Sélectionner les cellules B3:D3, relâcher le bouton gauche de la souris.
- Maintenir la touche [Ctrl] enfoncée et sélectionner les cellules B16:D16.
- Relâcher la touche [Ctrl], les deux plages de cellules doivent être en fond grisé.

Créer le graphique

- Activer l'onglet Insertion et rechercher le groupe Graphiques.

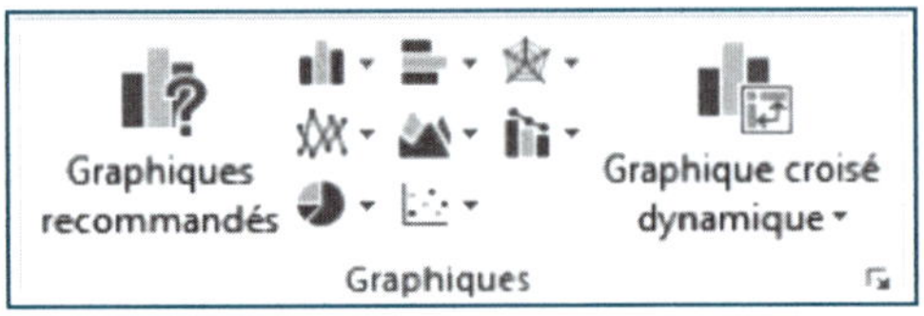

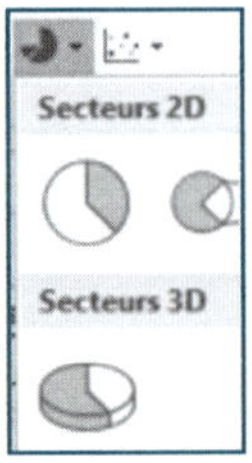

- Dérouler la liste des graphiques en secteur et choisir dans un premier temps le type Secteurs 2D.
- Le graphique est créé automatiquement par le tableur.

Modifier le graphique

- Redimensionner le graphique pour l'adapter à la taille de la feuille puis le positionner à l'endroit désiré, à l'aide de la souris.
- Donner un titre au graphique en cliquant dans la zone Titre du graphique, saisir le nom du magasin.

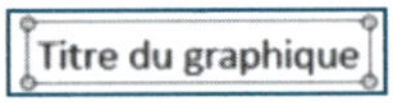

Créer les autres graphiques

- Réaliser un graphique pour chacun des deux autres magasins en choisissant d'autres options de présentation, par exemple un graphique en secteur 3D pour lequel il est possible de faire ressortir un secteur par rapport à d'autres en le faisant glisser à l'aide de la souris.

Modifier un graphique

- Apporter des modifications aux graphiques réalisés :
  - Ajouter une couleur ou une texture de fond.
  - Ajouter des étiquettes sur les secteurs pour faire apparaître les valeurs ou les pourcentages par rapport au total.

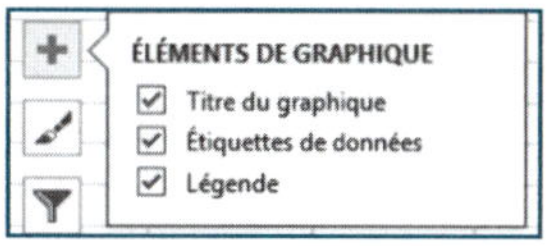

Vous avez commis une erreur dans le tableau de données ; modifiez une valeur (de façon significative) et observez le graphique qui est lié à ces données.

Tester la liaison données-graphique

- Modifier une valeur dans le tableau de données pour vérifier que toute modification des données sources entraîne une modification du graphique en conséquence.

Le résultat final à obtenir

Un exemple de différentes présentations possibles.

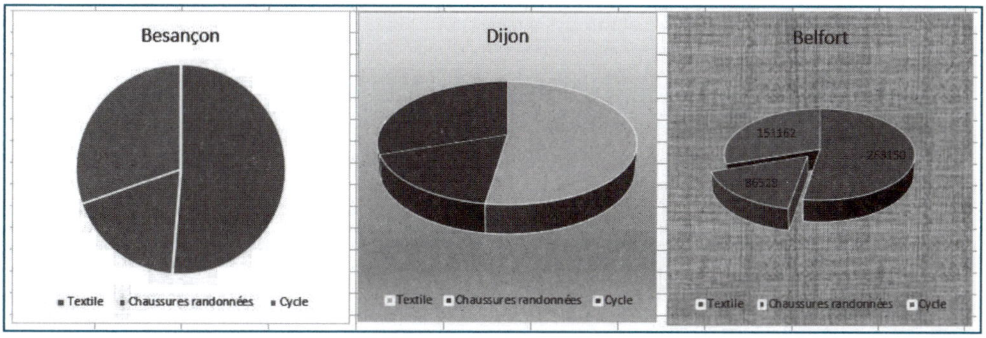

Aller plus loin

- Tester d'autres types de graphiques ou d'autres paramétrages sur les graphiques existants.

+

- Il existe de très nombreuses formes de graphiques, toutes ne sont pas adaptées aux données à représenter.
- De très nombreux paramètres peuvent être modifiés, leur examen complet dépasse largement le cadre de cette initiation.
- Attention au choix de l'échelle qui peut fausser l'interprétation des données représentées.
- Les graphiques peuvent être réalisés ou copiés/collés dans une autre feuille du classeur, la liaison avec les données ne sera pas rompue et toute mise à jour des valeurs entraîne une modification du graphique en conséquence.

16 Je sécurise mon travail

Le contexte Vous avez réalisé un tableau de calcul qui a demandé beaucoup de travail et qui doit pouvoir être réutilisé.

La ressource Classeur « 16-Sécuriser ».

L'objectif Sauvegarder son travail sous différentes formes.

Comment faire ?

Observer l'existant

Le classeur fourni est complet, aucune formule n'est à réaliser.

Vous voulez vérifier que les formules saisies sont cohérentes.

Contrôler la cohérence de son travail

Il est illusoire de penser que parce qu'il n'y a pas de message d'erreur de la part du tableur, les valeurs affichées sont systématiquement exactes. Il est donc prudent de réaliser des contrôles de cohérence.

- Activer la cellule L17 et entrer la formule de calcul nécessaire pour tester la cohérence des totaux horizontaux et verticaux. Ils doivent bien entendu donner le même résultat !

Sauvegarder son travail

- La sauvegarde du fichier complet peut être obtenue de différentes façons :
  - Un clic sur le bouton Enregistrer dans la barre d'outils Accès rapide effectue une sauvegarde immédiate du fichier, sous le même nom et au même emplacement que celui qui a été ouvert, s'il s'agit d'un nouveau fichier. Ce clic équivaut à Enregistrer sous et il vous sera demandé de fournir un nom et un emplacement de stockage du fichier.

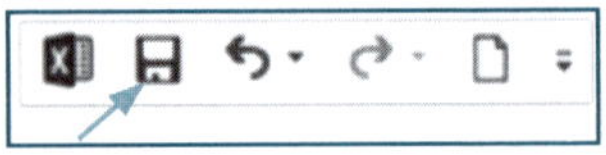

  - Si vous désirez changer le nom ou l'emplacement du fichier, utiliser le choix Enregistrer sous et définir l'emplacement puis le nom du fichier :

Sauvegarder une feuille vierge de données

Si la feuille de calcul doit être réutilisée sur une autre période, les valeurs qui y figurent vont être gênantes, vous disposez de deux techniques pour sauvegarder le classeur vierge de données tout en conservant les formules de calcul :

Technique n° 1 : supprimer les valeurs saisies

- Sélectionner les cellules B4:J15 et enfoncer la touche [Supprimer] ou clic droit puis choisir Supprimer.
- Attention, ne pas faire une sauvegarde par le bouton Enregistrer qui aurait pour effet de remplacer votre fichier complet par le nouveau fichier sans les valeurs saisies !
- Utiliser le menu Fichier et choisir Enregistrer sous pour préciser éventuellement un nouvel emplacement et un nouveau nom pour le fichier qui servira de modèle.

Technique n° 2 : créer un modèle

- Commencer par vider la feuille de calcul des valeurs saisies comme indiqué ci-dessus.
- Utiliser le menu Fichier et choisir Enregistrer sous pour préciser éventuellement un nouvel emplacement et un nouveau nom pour le fichier qui servira de modèle.
- Dérouler la liste et choisir le type « Modèle Excel » puis cliquer Enregistrer.

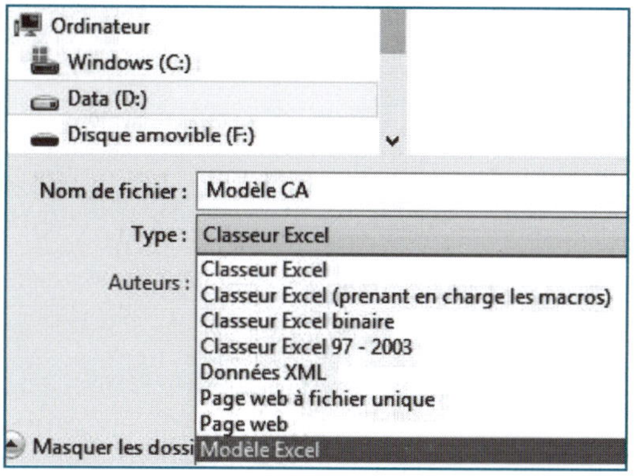

Un nouveau classeur s'ouvre automatiquement basé sur le modèle que vous avez créé. Vous pouvez le fermer si vous n'en avez pas besoin dans l'immédiat.

Réutiliser le modèle

Une fois le modèle créé et sauvegardé, il suffit pour l'utiliser de double-cliquer sur le fichier.

En réalité, ce n'est pas le modèle qui est ouvert mais un nouveau classeur, copie conforme du modèle que vous avez créé.

Vous êtes ainsi certain de ne pas endommager l'original.

Pour modifier éventuellement le modèle, il faudra l'ouvrir en tant que tel et l'enregistrer à nouveau en tant que tel. Cet aspect est décrit plus en détail dans l'ouvrage de niveau avancé.

Sauvegarder dans le cloud

Des sites de sauvegarde en ligne gratuits ou non permettent de stocker sur Internet une copie des fichiers stockés localement, de manière parfaitement automatique si l'application est elle-même installée sur le poste de travail.

Pour mémoire, on peut citer :

Onedrive — Google Drive — Dropbox

Ils proposent chacun des services intéressants et un espace de stockage gratuit assez conséquent permettant de sauvegarder sans difficulté des fichiers de travail.

Une simple recherche sur Internet vous permettra de créer un compte gratuit et de télécharger l'application locale. Vous pourrez ainsi transférer de manière automatique dans le cloud tout fichier déposé dans le dossier local créé lors de l'installation, fournissant ainsi une sauvegarde supplémentaire à l'abri du vol ou de la destruction du matériel.

- La barre d'outils Accès rapide peut être personnalisée. Si elle n'affiche pas les outils que vous utilisez le plus fréquemment, par exemple le bouton Enregistrer, vous pouvez l'ajouter en utilisant la liste déroulante à droite de cette barre d'outils.

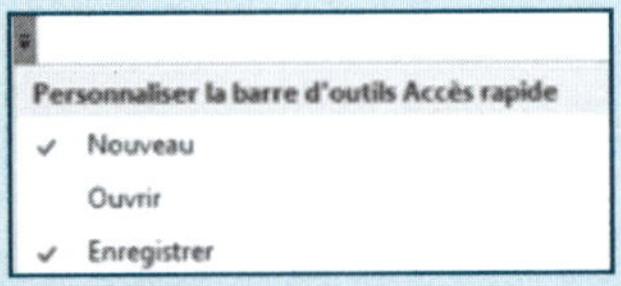

- La liste des emplacements de sauvegarde proposée par Excel varie en fonction de la configuration du poste de travail.
- Il peut être utile de conserver des versions successives d'un même fichier en cours de création pour pouvoir revenir à une version stable en cas de problème, utiliser alors l'option Enregistrer sous pour modifier le nom du fichier au fur et à mesure de l'avancement du travail.
- Quel que soit l'outil de stockage en ligne utilisé, on devra s'interroger sur la sécurité de ses données et sur leur éventuel cryptage.

17 J'imprime mon travail

Le contexte Vous devez imprimer le tableau récapitulatif du chiffre d'affaires de l'année.
La ressource Classeur « 17-Imprimer ».
L'objectif Définir la mise en page d'un document avant impression.

Comment faire ?

Vous voulez accéder rapidement à l'« aperçu avant impression ».

Préparer le terrain

Si ce n'est pas encore le cas, faire apparaître dans la barre d'accès rapide le bouton d'aperçu avant impression, il vous sera souvent utile.

- Dérouler la liste de la barre d'accès rapide et cocher l'option Aperçu avant impression.

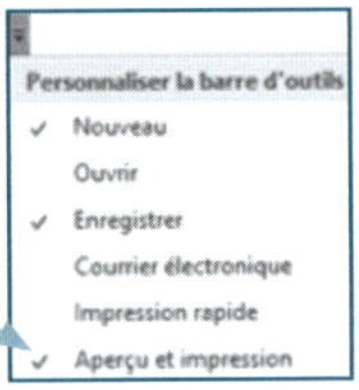

Observer l'existant

- Demander un aperçu avant impression pour vous rendre compte de la présentation par défaut du document.
- Quitter l'aperçu par la touche [Echap] ou cliquer sur la flèche de retour .
- Remarquer les pointillés verticaux qui s'affichent dans la feuille de calcul et indiquent les limites d'impression compte tenu des paramètres actuels.

Modifier la mise en page

L'orientation du document par défaut (portrait) ne convient pas à la forme horizontale du tableau. Nous allons changer l'orientation et adapter le document à la feuille A4 qui servira de support. Nous ajouterons également des informations dans l'en-tête et le pied de page.

› *Les manipulations décrites ci-après peuvent être réalisées à l'aide du ruban, onglet Mise en page, mais elles peuvent aussi être réalisées, avec un peu d'expérience, directement depuis l'aperçu avant impression qui propose de nombreuses options dans la partie gauche de l'écran.*

Choisir l'orientation du document

- Activer l'onglet Mise en page.
- Cliquer le bouton Orientation pour choisir l'option Paysage.

Les pointillés se sont déplacés mais on remarque que le document ne tient toujours pas dans une page A4 et qu'il n'est peut-être pas nécessaire d'imprimer les cellules K17 et L17.

Définir la zone d'impression

- Sélectionner les cellules A1:K16 et cliquer le bouton ZoneImpr, choisir Définir ce qui fixera la zone que vous désirez imprimer.
- Les pointillés horizontaux ont disparu mais les colonnes J et K sont encore en dehors des possibilités d'impression.

Mettre le document à l'échelle

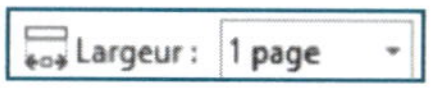

- Dans le groupe Mise à l'échelle, choisir l'option Largeur : 1 page, les pointillés ont disparu de l'écran.
- Demander un nouvel aperçu avant impression, le document tient cette fois-ci dans une seule page, mais il n'est pas centré et manque de certaines informations.

Centrer le document dans la page

- Demander l'affichage des options de mise en page en cliquant le bouton.
- Cliquer l'onglet Marges et cocher les options Centrer horizontalement et Centrer verticalement.

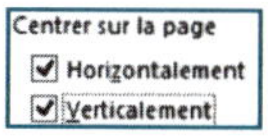

Insérer un en-tête

- Cliquer l'onglet En-tête/pied de page et choisir l'en-tête Ca magasins;Confidentiel;Page 1.

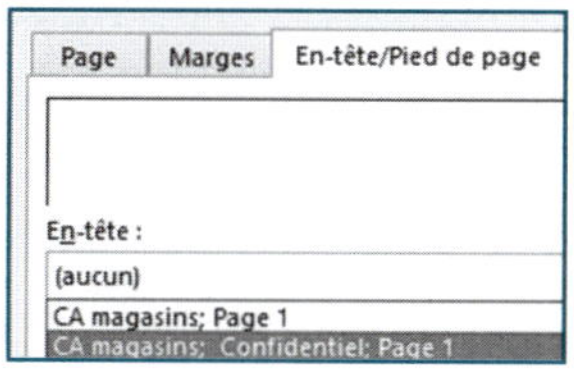

- Demander un nouvel aperçu pour observer le résultat.

Paramétrer l'impression

- Régler les paramètres de l'imprimante (qualité, couleur…).

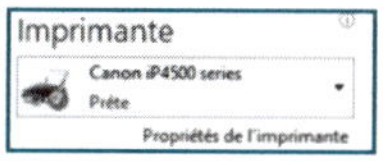

Imprimer la feuille de calcul

- Imprimer seulement si vous le jugez utile.

Le résultat final à obtenir

CA magasins — Confidentiel — Page 1

Chiffre d'affaires par magasin et par secteur d'activité	Besançon			Dijon			Belfort			
	Textile	Chaussures randonnées	Cycle	Textile	Chaussures randonnées	Cycle	Textile	Chaussures randonnées	Cycle	Total mensuel
Janvier	12640	3 740	6 340	14 686	6 130	7 122	13 341	3 624	6 303	78 326
Février	13660	4 410	7 894	18 406	4 436	8 796	17 009	4 071	8 036	88 738
Mars	17895	3 236	8 831	21 196	3 030	9 974	19 396	2 726	9 194	95 718
Avril	21298	8 364	10 340	23 412	9 602	12 082	23 477	8 832	11 109	130 916
Mai	26347	9 387	12 698	31 922	10 904	14 748	29 332	10 022	13 393	159 353
Juin	22638	10 010	13 330	27 086	11 400	18 282	23 082	10 488	16 905	157 461
Juillet	23888	12 330	18 634	31 116	14 314	22 126	28 736	13 179	20 476	186 839
Août	23345	9 387	13 478	27 934	10 904	18 220	23 838	10 022	16 802	158 170
Septembre	19384	8 240	14 440	23 304	9 230	16 918	21 311	8 470	13 611	137 308
Octobre	17410	6 320	11 005	20 376	6 812	12 640	19 027	6 243	11 678	111 713
Novembre	12634	3 210	9 341	14 686	2 968	10 842	13 341	2 674	9 971	80 087
Décembre	23634	4 300	10 634	28 326	4 380	12 206	26 220	4 173	11 264	123 579
Totaux	**239 233**	**85 774**	**141 845**	**284 670**	**94 330**	**163 956**	**263 150**	**86 528**	**151 162**	**1 510 648**

Le document est prêt pour l'impression, son entête est visible, il tient sur une seule page.

Aller plus loin

Dans les différentes manipulations réalisées, vous avez sans doute remarqué la possibilité :

- d'imprimer ou non le quadrillage de la feuille (celui d'Excel et non celui que vous avez dessiné autour des cellules de votre tableau) ;
- de modifier les marges par défaut du document ;
- d'ajouter des informations dans le pied de page.

Tester les possibilités qui vous semblent utiles.

- Avant toute impression, il est recommandé d'effectuer une sauvegarde du document car, lorsque l'impression n'aboutit pas, il arrive que l'application ne fonctionne plus correctement ce qui peut provoquer une perte des dernières modifications, voire rendre le document inaccessible.
- Pour réduire le gaspillage de papier :
  - Demander toujours un aperçu avant de procéder à l'impression finale, de manière à pouvoir corriger la présentation si nécessaire avant de lancer l'impression réelle.
  - Lorsque c'est possible, ajuster l'impression pour qu'elle tienne dans une page A4, cela évitera des feuilles inutiles ne contenant souvent que quelques caractères.
- Sur une même feuille de calcul, il est possible de définir successivement des zones d'impression différentes pour obtenir un résultat lisible qui ne tiendrait pas dans une seule feuille au format A4, le plus courant.

18 Cas de synthèse 1

Le contexte Vous devez réaliser un tableau de rapprochement annuel entre les douze déclarations de TVA réalisées et le chiffre d'affaires de l'année.

La ressource Classeur « 18-Synthèse ».

L'objectif Mettre en œuvre les connaissances acquises en automatisant un tableau de rapprochement de TVA annuel.

Comment faire ?

De quoi s'agit-il ?

L'entreprise Aixelle est assujettie à la TVA selon le régime du réel normal. Elle a produit au cours de l'année douze déclarations mensuelles de TVA sur lesquelles elle a reporté le chiffre d'affaires réalisé, sur la base des relevés de chiffre d'affaires fournis pas les différents magasins qu'elle exploite.

Tout au long de l'année, les magasins du groupe vous ont transmis le chiffre d'affaires réalisé par taux de TVA. Les déclarations ont été faites en ligne sur cette base et les éléments ont été relevés dans feuille « CA déclarés ».

La clôture des comptes au 31 décembre vient d'être établie et vous disposez d'un extrait de la balance au 31/12 dans lequel vous trouverez le chiffre d'affaires constaté en comptabilité, ce chiffre d'affaires est bien entendu fourni hors taxe. Ces données figurent dans la feuille « Extraction compta ».

Pour vous aider

Il paraît logique de créer un tableau qui reprend les données déclarées au cours des douze mois de l'année, en ligne, avec un calcul de la base imposable totale, de la base non imposable et de la TVA déclarée.

Vous devez donc insérer une nouvelle feuille dans le classeur pour ne pas risquer de modifier ou de détruire par erreur celles qui sont déjà présentes.

Dans un second temps, il faudra comparer ces montants avec le chiffre d'affaires constaté en comptabilité et dégager les régularisations éventuelles à effectuer.

Vous devez donc créer un tableau qui :

- récapitule les déclarations effectuées et calcule la TVA déclarée en tenant compte des différents taux ;
- reprend les montants apparaissant en comptabilité ;
- dégage les écarts en tenant compte des arrondis.

Les bases et les montants de TVA sont toujours arrondis à l'entier supérieur dès qu'ils atteignent 50 €.

Les contraintes

Le tableau devra faire partie du dossier d'inventaire qui sera consulté par l'expert-comptable de l'entreprise, il devra donc être mis en page de telle manière qu'il puisse être imprimé sur une page de format A4.

Les contraintes (suite)

Pour tenir compte d'un changement de taux de TVA possible, ceux-ci devront figurer dans des cellules nommées pour pouvoir être modifiés en cas de besoin sans avoir à rectifier les formules.

Un modèle de document vierge de données doit être sauvegardé pour être réutilisé les années suivantes.

Quelques conseils

- Pour gérer les arrondis fiscaux, vous pourriez avoir besoin de la fonction suivante : ARRONDI.AU.MULTIPLE (nombre;multiple) où nombre est la valeur ou le résultat du calcul que vous voulez arrondir et multiple l'ordre de grandeur de l'arrondi. Une valeur 1 pour ce paramètre permet d'arrondir à l'entier supérieur à partir de 0,50.

Un résultat possible

	A	B	C	D	E	F	G
1	**Récapitulation des déclarations**						
2		**Non imposable**	**CA 5,50%**	**CA 10,00%**	**CA 20,00%**	**Total imposable**	**TVA due**
3	Janvier	2 136	26 566	11 531	13 235	51 332	5 261
4	Février	857	33 149	8 606	16 184	57 939	5 921
5	Mars	-	38 042	6 070	18 310	62 422	6 361
6	Avril	-	45 433	17 652	21 967	85 052	8 657
7	Mai	2 569	56 903	19 897	26 677	103 477	10 455
8	Juin	4 978	48 442	20 799	32 932	102 173	11 330
9	Juillet	7 802	55 447	25 904	39 705	121 056	13 581
10	Août	6 561	49 926	19 897	32 755	102 578	11 287
11	Septembre	-	41 699	16 956	30 493	89 148	10 088
12	Octobre	-	36 883	12 750	23 016	72 649	7 907
13	Novembre	2 366	26 580	5 970	19 799	52 349	6 019
14	Décembre	11 598	50 608	8 803	22 240	81 651	8 111
15	**Totaux année**	**38 867**	**509 678**	**174 835**	**297 313**	**981 826**	**104 978**
16							
17	**CA constaté en comptabilité**						**TVA théorique**
18	Selon extraction comptable	38 867	509 768	174 835	297 585	982 188	105 038
19							
20	**Ecarts =(réel - déclaré)**	-	**90**	-	**272**	**362**	**60**
21							
22						**Contrôle de cohérence**	**OK**

Aller plus loin

- Automatiser les titres de colonnes en utilisant les taux de TVA saisis dans d'autres cellules, vous pourriez avoir besoin de la fonction suivante : TEXTE (valeur;format_texte), où valeur est la référence de la cellule contenant un chiffre à transformer en texte et format_texte la présentation que vous voulez obtenir. Pour obtenir un texte comportant deux décimales, il faut par exemple utiliser le code "0.00".
- Pour regrouper des chaînes de caractères, on utilise l'opérateur de concaténation &.
- Améliorer les formules pour qu'aucun message d'erreur n'apparaisse dans le modèle en cas d'absence de valeurs saisies.
- Créer dans une autre feuille du classeur un graphique du chiffre d'affaires par taux de TVA.

19 Cas de synthèse 2

Le contexte Vous devez réaliser un tableau de calcul de ristournes annuelles accordées à vos meilleurs clients.

La ressource Classeur à créer par vos soins.

L'objectif Mettre en œuvre les connaissances acquises en automatisant un tableau de calcul de ristournes.

Comment faire ?

De quoi s'agit-il ?

L'entreprise Aixelle accorde chaque année une ristourne à ses meilleurs clients. Vous devez automatiser le calcul de cette ristourne qui est calculée en fonction de tranches définies par la direction de l'entreprise. L'entreprise est assujettie à la TVA au taux normal.

Les tranches de chiffre d'affaires annuel définies pour l'année N qui vient de s'achever sont les suivantes :

Minima	Maxima	Taux de ristourne
0	10 000	0%
10 000	25 000	1%
25 000	45 000	2%
45 000		3%

Pour vous aider

- Il sera plus pratique de réaliser le calcul en séparant :
  - d'un côté, les données stables (tranches de chiffre d'affaires, taux de ristourne, taux de TVA...) ;
  - d'un autre côté, les données variables : le chiffre d'affaires réalisé avec le client dont la ristourne est à calculer, le montant de la ristourne par tranche, le total de la ristourne HT, la TVA et le montant TTC de la ristourne.
- Les ristournes sont en général calculées par tranche, chaque tranche de chiffre d'affaires se voyant appliquer le taux de la tranche.
- Exemple : un client avec lequel nous avons réalisé un chiffre d'affaires annuel de 32 000 euros hors taxe recevra une ristourne de :
  - Tranche de 0 à 10 000 — 10 000 x 0% = 0,00
  - Tranche de 10 000 à 25 000 — 15 000 x 1% = 150,00
  - Tranche de 25 000 à 32 000 — 7 000 x 2% = 140,00

Total de la ristourne : 290,00 Total HT

Les contraintes

- Les montants de chiffre d'affaires annuels sont fournis TTC.
- Le montant HT du chiffre d'affaires servant au calcul de la ristourne est arrondi à la dizaine d'euros supérieure.

Les contraintes (suite)

- Le tableau devra faire partie du dossier d'inventaire qui sera consulté par l'expert comptable de l'entreprise, il devra donc être mis en page de telle manière qu'il puisse être imprimé sur une page de format A4.
- Pour tenir compte d'un changement de taux de TVA possible, celui-ci devra figurer dans une cellule nommée pour pouvoir être modifié en cas de besoin sans avoir à rectifier les formules.
- Les tranches et les taux de ristourne doivent pouvoir être modifiés sans que les formules de calcul de la ristourne aient besoin d'être mises à jour.
- Un modèle de document vierge de données doit être sauvegardé pour être réutilisé les années suivantes.

Quelques conseils

- Pour gérer les arrondis, vous pourriez avoir besoin de la fonction suivante : ARRONDI.AU.MULTIPLE(nombre;multiple), où *nombre* est la valeur ou le résultat du calcul que vous voulez arrondir et *multiple* l'ordre de grandeur de l'arrondi. Une valeur 10 pour ce paramètre permet d'arrondir à la dizaine d'euros.

Un résultat possible

	A	B	C	D
1	**Zone de paramètres**			
2	**Tranches de CA HT et taux de ristournes**			
3	**Tranches**	**Minimum**	**Maximum**	**Taux de ristourne**
4	1	0	10000	0%
5	2	10000	25000	1%
6	3	25000	45000	2%
7	4	45000		3%
8				
9	**Taux de TVA**		20%	
10				
11	**Zone de saisie**			
12	Numéro du client :	3		
13	Nom du client :	Dupont		
14	Montant du chiffre d'affaires TTC :	46250		
15				
16	**Zone de calculs**			
17	**Montant du chiffre d'affaires HT**	38 540,00		
18				
19		**CA HT dans la tranche**	**Ristourne**	
20	Tranche 1	10 000	0,00	
21	Tranche 2	15 000	150,00	
22	Tranche 3	13 540	270,80	
23	Tranche 4	-	0,00	
24	**Total des tranches HT**	38 540	**420,80**	**Total ristourne HT**
25			**84,16**	**TVA**
26			**504,96**	**Ristourne TTC**

Aller plus loin

- Créer une feuille de calcul supplémentaire regroupant quelques clients et le chiffre d'affaires TTC réalisé au cours de l'année précédente.
- En utilisant une fonction de recherche, vous pourrez extraire le nom et le chiffre d'affaires TTC correspondant au client dont le numéro est saisi dans la feuille de calcul de la ristourne. Dans ce cas, les cellules B13 et B14 ne sont plus des cellules saisies mais calculées.

20 Cas de synthèse 3

Le contexte Vous devez réaliser un tableau de valorisation des frais de déplacements mensuels.
La ressource Classeur à créer par vos soins.
L'objectif Mettre en œuvre les connaissances acquises en automatisant un tableau de calcul des frais de déplacements.

Comment faire ?

De quoi s'agit-il ?

L'entreprise Aixelle emploie un certain nombre de commerciaux qui sont remboursés chaque mois de leur frais de déplacements. Ceux-ci portent à la fois sur les kilomètres parcourus avec le véhicule personnel et sur les frais engagés (hôtel, péages...).

À la fin de chaque mois, chaque salarié remet une enveloppe contenant les différents justificatifs (notes de frais et relevé des déplacements effectués). Pour simplifier la tâche de l'assistante, il est envisagé de remettre à chaque commercial un modèle de tableau de calcul sur Excel afin qu'il le remplisse au fur et à mesure des déplacements et qu'il puisse calculer automatiquement le montant qui lui sera remboursé.

Le remboursement des frais de péages ou d'hôtel se fait sur la valeur réelle de la dépense alors que les kilomètres sont évalués sur la base du barème kilométrique administratif publié chaque année et dépendant à la fois de la puissance fiscale du véhicule et du nombre de kilomètres parcourus annuellement. Tous les commerciaux de l'entreprise parcourent plus de 20 000 kilomètres par an avec leur véhicule personnel.

Pour vous aider

- Il paraît logique de créer une zone de saisie qui sera alimentée par le commercial et une zone de paramètres qui contiendra le barème kilométrique administratif.
- Tous les commerciaux parcourant plus de 20 000 kilomètres par an, la recherche du tarif kilométrique se fera sur la base de la puissance fiscale du véhicule.
- Depuis la loi de finances 2013, la puissance fiscale utilisée pour le calcul du tarif kilométrique est plafonnée à 7 CV. En cas de véhicule plus puissant, c'est le tarif applicable aux véhicules de 7 CV qui est utilisé.

Les contraintes

- Le tableau devra faire partie des documents susceptibles d'être présentés en cas de contrôle de la Sécurité sociale, il devra donc être mis en page de telle manière qu'il puisse être imprimé sur une page de format A4.

Les contraintes (suite)

- Pour tenir compte des changements de barèmes kilométriques, ceux-ci devront figurer dans des cellules nommées pour pouvoir être modifiés en cas de besoin sans avoir à rectifier les formules.
- Un modèle de document vierge de données doit être sauvegardé pour être réutilisé les années suivantes.
- Le barème kilométrique est désormais plafonné à une puissance fiscale de 7 CV, les formules de calcul devront donc tenir compte de cette limite.

Quelques conseils

- La fonction RECHERCHEV(), lorsqu'elle ne trouve pas la valeur recherchée dans une colonne indexée (classée par ordre croissant), renvoie automatiquement la valeur correspondant à la dernière valeur de l'index.

Un résultat possible

	A	B	C	D	E
1			Zone de saisie		
2	Nom :	MARTIN		Prénom :	Alphonse
3	Véhicule :	Audi A4		Puissance fiscale :	8
4	Immatriculation :	CG-771-YY			
5					
6					
7	Mois de :		Octobre 2014		
8					
9		Remboursement de frais réels (justificatifs à fournir)			
10	Date	Nature		Montant réglé	
11	10/10/2014	Péage A36		13,20	
12	10/10/2014	Restaurant client ZFK		145,00	
13	12/10/2014	Péage A39		38,00	
14	20/10/2014	Péage A36		13,40	
15	20/10/2014	Repas client Hectorius		92,00	
16	22/10/2014	Repas Lyon		35,00	
17			Total	336,60	
18					
19			Remboursements kilométriques		
20	Date	Nom du client visité	Ville de départ	Ville d'arrivée	Distance AR
21	10/10/2014	ZFK	Besançon	Belfort	190
22	12/10/2014	Caroussel	Besançon	Lyon	520
23	14/10/2014	Peugeot SA	Besançon	Vesoul	110
24	18/10/2014	Munsch	Besançon	Pontarlier	125
25	20/10/2014	Hectorius	Besançon	Dijon	200
26	22/10/2014	Focus	Besançon	Lyon	540
27	28/10/2014	Hectorius	Besançon	Dijon	200
28					
29					
30					
31				Distance totale parcourue	1885
32				Barème kilométrique	0,396
33				Montant à rembourser	746,46
34					
35	Total du remboursement de frais pour le mois de			Octobre 2014	1083,06

	G	H	I	J	K
1	Zone de paramètres				
2	Puissance fiscale	Kilométrage annuel			
3		Jusqu'à 5000	5001 à 20000		+ de 20000
4		Variable	Fixe	Variable	Variable
5	3	0,405	818	0,242	0,283
6	4	0,487	1063	0,274	0,327
7	5	0,536	1180	0,300	0,359
8	6	0,561	1223	0,316	0,377
9	7	0,587	1278	0,332	0,396

Zone de calculs

Aller plus loin

- Créer une feuille de calcul ou une zone de paramètres supplémentaire regroupant les caractéristiques des véhicules des commerciaux (numéro d'immatriculation, modèle puissance fiscale, par exemple).
- En utilisant une fonction de recherche, vous pourrez extraire le numéro d'immatriculation et la puissance fiscale correspondant au véhicule dont le numéro d'immatriculation est saisi dans la cellule B4. Dans ce cas, les cellules B3 et E3 ne sont plus des cellules saisies mais calculées.

Glossaire

A

Aperçu avant impression : reproduction à l'écran de ce qui sera imprimé en fonction des caractéristiques de l'imprimante sélectionnée et des paramètres de mise en page définis par l'utilisateur.

C

Cellule : case située à l'intersection d'une ligne et d'une colonne, destinée à recevoir une valeur ou une formule de calcul.

Cellule active : cellule qui recevra les données entrées au clavier (texte, chiffre, formule…), apparaît encadrée à l'écran.

Contenu de la cellule : ne pas confondre le contenu de la cellule qui peut être :

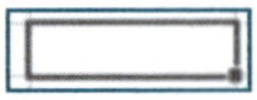

- du texte ou des chiffres saisis (auquel cas la cellule affiche le contenu de la cellule),
- une formule de calcul : auquel cas la cellule affiche le résultat mais contient la formule

Plage de cellules : ensemble de cellules contiguës ou non, définies par la position de la première et de la dernière cellule de la plage dans la feuille active.

Exemple : A1:B3

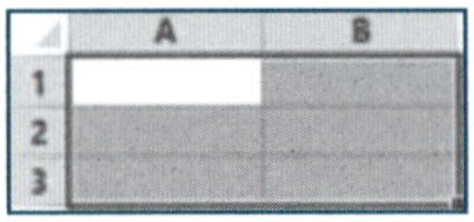

Classeur : ensemble de feuilles de calcul réunies dans un fichier. Il est possible d'insérer des feuilles ou d'en supprimer comme avec un vrai classeur.

Colonne : ensemble vertical de toutes les cellules d'une feuille de calcul, repérée par une lettre de A à XFD.

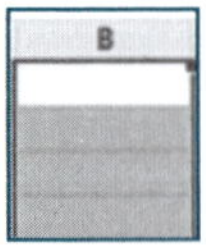

F

Feuille de calcul : ensemble de cellules organisées en lignes et en colonnes, réunies dans un onglet du classeur

Fichier : avec Excel, le fichier est l'enveloppe physique qui permettra de stocker les données d'un classeur.

Fonction : ensemble d'instructions permettant d'effectuer un calcul plus ou moins complexe (somme, moyenne…) à partir des paramètres qui lui sont fournis.

Fonction personnalisée : fonction créée par l'utilisateur pour effectuer un calcul non intégré à Excel

Format de cellule : ensemble des paramètres d'affichage et de protection d'une cellule.

Format de fichier : caractéristiques à définir lors de l'enregistrement du classeur. Le format par défaut ne sera pas forcément lisible par les utilisateurs de versions plus anciennes d'Excel.

Formule de calcul : elle commence toujours par le symbole = et peut faire appel à des opérateurs arithmétiques, des opérateurs de comparaison et des fonctions pour effectuer un calcul automatique. Elle ne doit contenir aucun espace sauf s'ils sont inclus dans une chaîne de caractères entre guillemets.

L

Ligne : ensemble horizontal de toutes les cellules d'une feuille de calcul, repérée par un numéro de 1 à 1 048 576.

M

Mise en page : paramètres d'orientation, de marge, d'entête ou de pied de page... qui vont permettre d'imprimer le document dans un format compatible avec les caractéristiques de l'imprimante.

Modèle : format de classeur Excel qui va servir à générer des copies prêtes à l'emploi. La matrice pourra être réutilisée à volonté sans risque de destruction. Il existe des modèles inclus dans Excel et on peut en trouver sur le Web ou encore les créer soi-même en fonction de ses besoins.

N

Nom : il est possible d'attribuer un nom à une cellule ou une plage de cellules. Cela permet de simplifier la lecture des formules de calcul faisant appel à ces cellules et équivaut à un référencement absolu (pas de mise à jour en cas de recopie).

P

Poignée de recopie : symbole ▪ en bas et à droite d'une cellule ou d'une plage de cellules permettant de recopier les données d'une cellule vers la droite, la gauche, le haut ou le bas. Lorsqu'il est survolé par le pointeur de la souris, un symbole + est affiché.

R

Référence de cellule : système utilisé dans les formules de calcul pour définir la position d'une cellule ou plage de cellules dans la feuille de calcul.

> **Référence absolue** : références de ligne et de colonne assorties de $ afin d'éviter que la mise à jour en cas de recopie.
>
> **Référence circulaire** : formule de calcul présentant un défaut de conception en faisant appel à elle-même pour calculer un résultat
>
> **Référence relative** : définie par la référence de la lettre de colonne et le numéro de la ligne de la cellule ou de la plage de cellules concernée(s), sera automatiquement mise à jour en cas de recopie vers la gauche, la droite, le bas ou le haut.

Ruban : zone supérieure de l'interface d'Excel regroupant les différents outils et fonctionnalités de l'application, regroupés dans des onglets.

S

Sauvegarder : enregistrer son travail dans un fichier. Pour plus de sécurité, on peut sauvegarder le même fichier sur différents supports physiques et en ligne (cloud) pour éviter les risques de perte ou de destruction.

T

Type de données : les données saisies dans une cellule peuvent relever de différents types qui induiront une mise en forme par défaut de l'affichage (date, pourcentage, fraction, entier, décimal...) et parfois un fonctionnement anormal de certaines formules de calcul.

Index

Les chiffres de l'index renvoient aux numéros des fiches.

A

Affichage
Valeurs zéros 11
Aperçu avant impression 17

B

Barres
d'état 1
de formule 1
d'outils 1
Bordure 14

C

Cellule 1
Ajouter un commentaire 14
Cellule active 1
Cellules contiguës, non contiguës 6
Fusionner des cellules 14
Nommer une cellule, une plage 8
Plage de cellules 8
Sélectionner des cellules 6
Classeur
Modèle 16
Nouveau classeur 1
Ouvrir un classeur 3
Sauvegarder un classeur 4, 16
Cloud 16
Codes d'erreurs 12
Colonnes
Largeur des colonnes 14
Commande 1
Commentaire (dans une cellule) 14
Concaténer 18

D

Données
Créer une suite de données 5
Modifier des données 5
Saisir des données 5
Supprimer des données 5
Trier des données 7

E

En-tête et pied de page 17

F

Feuille de calcul 1, 4
Ajouter une feuille de calcul 4
Déplacer une feuille de calcul 4
Renommer une feuille de calcul 4
Supprimer une feuille de calcul 4
Fonctions
ARRONDI.AU.MULTIPLE() 18
ESTVIDE() 11
OU() 10
RECHERCHEV() 11
SI() 10
SOMME() 9
TEXTE() 18
Format de cellule 13
Formule de calcul 8, 9
Recopier une formule 9

G

Gestionnaire de noms 8
Graphique 15

I

Imprimer 17
Aperçu avant impression 17
Interface d'Excel 1

M

Mise en forme
Format de nombre, date, fraction 13
Reproduire la mise en forme 6
Mise en page 17
Modèle 16

O

Onglets 1
Orientation (paysage/portrait) 17

P

Plage de cellules 1
Poignée de recopie 1

R

Référence
Absolue 8
Circulaire 12
Relative 8
Ruban 1

S

Sauvegarder son travail 16

T

Type de données 3

Z

Zone de nom 1, 9